UNIVERSITÉ DE FRANCE.

FACULTÉ DE DROIT DE PARIS.

THÈSE

POUR

LE DOCTORAT.

PAR

ABDON BASQUIN

4 francs

PARIS

Vᵉ JOUBERT, LIBRAIRE-ÉDITEUR

14, Rue Cujas, 14

1869

DE LA

CONDITION DE LA FEMME

DANS LE MARIAGE

EN DROIT ROMAIN

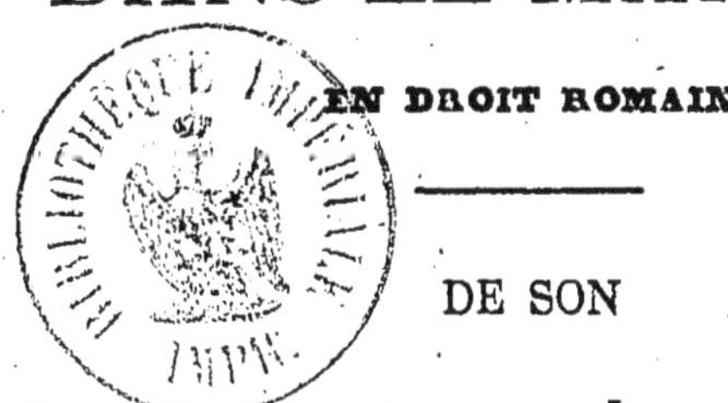

DE SON

INCAPACITÉ CIVILE

1976

QUANT A LA QUESTION DE SON PATRIMOINE

EN DROIT FRANÇAIS.

« La femme tiendra le portefeuille de
l'intérieur, le mari le portefeuille
des affaires étrangères, et on résou-
dra toutes les questions en conseil
des ministres. »
(M. Pelletan, LA MÈRE, page 36).

FACULTÉ DE DROIT DE PARIS.

DE LA

CONDITION DE LA FEMME
DANS LE MARIAGE
EN DROIT ROMAIN

DE SON

INCAPACITÉ CIVILE
QUANT A LA QUESTION DE SON PATRIMOINE
EN DROIT FRANÇAIS.

THÈSE POUR LE DOCTORAT

PAR

ABDON BASQUIN

Né à Catillon (Nord).

L'acte public sur les matières ci-après sera soutenu le mercredi 11 août 1869, à huit heures et demie du matin.

PRÉSIDENT : M. BUFNOIR,

SUFFRAGANTS. { MM. PELLAT, DE VALROGER, DUVERGER, } PROFESSEURS.
GLASSON, AGRÉGÉ.

PARIS

Vᵉ JOUBERT, LIBRAIRE-ÉDITEUR

14, Rue Cujas, 14

1869

A MES PARENTS:

—

A MES AMIS.

PRÉAMBULE.

Fille ou veuve, la femme française jouit de la capacité la plus ab olue de contracter. Dès le jour de sa majorité, elle a, comme l'homme, et, à certains égards, plus que l'homme (1), la l:bre disposition de sa personne et de son patri oine. Epouse, au contraire, elle est mineure ; à l'instant même où revêtu de son écharpe, l'officier d'état-civil prononce les paroles sacramentelles, la personnalité de la femme, comme par l'effet d'une puissance magique, sans disparaître complètement, devient tout à coup incomplète, pour se reconstituer, elle a besoin d'un concours nouveau, celui du mari, appelé à donner ce que l'on appelle l'autorisation maritale.

----

(1) Ainsi, dès l'âge de vingt-un ans, elle peut se marier sans le consentement de ses père et mère ; l'homme est soumis à ce consentement jusqu'à l'âge de vingt-cinq ans (Art. 148, Code Nap).

Quelle est l'origine de cette institution ?

Sur quels motifs repose-t-elle dans nos lois ?

Quelle en est l'étendue ?

De quelles réformes est-elle susceptible ?

Tel sera le vaste objet de ce travail.

Certes, jamais disposition législative n'a, de près ou de loin, placé l'épouse romaine dans une condition analogue à celle de l'épouse française. L'autorisation maritale, comme la communauté, comme l'usufruit légal est une institution de notre droit national. Mais d'une part, le règlement universitaire laisse à l'aspirant au doctorat le loisir d'un sujet de droit romain; d'autre part, avant de rechercher quelle a été la femme mariée dans ses biens, d'après Beaumanoir, Pothier, Lebrun et le Code, il n'est pas d'un médiocre intérêt de se demander d'abord ce qu'elle fut d'après les vieux romains et les jurisconsultes de l'ère impériale.

Je me propose donc d'étudier :

1° En droit romain, la condition de la femme dans le mariage ;

2° Son incapacité civile, quant à la gestion de son patrimoine en droit français.

DROIT ROMAIN.

DE LA CONDITION DE LA FEMME DANS LE MARIAGE EN DROIT ROMAIN.

Sur ce point comme sur tant d'autres, le manuscrit de Vérone a été une révélation. Avant la découverte des institutes de Gaïus, on ne pouvait avoir de la condition primitive de l'épouse romaine que des notions fort obscures. L'on trouvait bien, çà et là, dans les fragments des jurisconsultes, ou dans les constitutions impériales ces mots : femme « *in manu*, » femme « *in tutela perpetua*. » Mais qu'était la *manus* ; qu'était la *tutela perpetua* ? Tout le monde l'ignorait. Aujourd'hui, grâce au précieux palimpseste, l'obscurité a fait place à une lumière sinon complète, du moins suffisante; et il est possible de se faire une idée assez exacte de ce qu'à été la femme romaine dans le mariage même au temps de la loi des Douze Tables.

Rome occupe dans l'histoire du passé, un espace de quinze siècles. Dans cet immense intervalle, ses institutions civiles subirent de profondes altérations; mais les modifications furent lentes et sans secousses. Les Français n'ont pas pour leurs vieilles lois le culte pieux qu'avaient les Romains; notre législateur, d'un trait de plume, biffe tout le passé : ainsi, en fut-il le 30 ventôse an XII, quant il déclara que, cessaient d'avoir force de lois particulières dans les matières faisaient l'objet du code civil, les lois romaines, les ordonnances, es coutumes générales ou locales, les statuts les réglements. — A Rome un semblable renversement du vieil édifice législatif eût été une profanation. La loi des Douze Tables fut le premier code des Romains; ils n'en eurent point d'autre. Mille ans après, sous Justinien, il n'en reste plus que des lambeaux; les lois et sénatus-consultes; les constitutions impériales, les écrits des jurisconsultes ont déchiré pièce à pièce l'antique constitution, mais elle n'a jamais été abrogée; alors encore elle est la *lex sacra*.

Ce qui est vrai des institutions romaines en général, est également vrai de deux institutions particulières ; l'une, la *manus* que nous étudierons en détail, parce qu'elle est spéciale au mariage; l'autre, la tutelle perpétuelle dont nous ne tracerons qu'une esquisse, parce qu'elle atteint les femmes non mariées. Réglementées par la loi des Douze Tables, en grande vogue sous la République, elles tombèrent insensiblement en désuétude; leur disparition fut lente, successive, mais définitive, ce fut en même temps l'affranchissement lent, successif et définitif de la femme à laquelle le régime dotal assura l'indépendance.

Nous assisterons donc au spectacle de la formation de ce nouveau régime; il mérite bien notre attention, car il ne périt pas avec l'empire romain; s'introduisit en France, et jusques au Code Civil devint le droit commun de la moitié de notre pays.

En résumé donc, femme mariée *in manu*, femme mariée sans *conventio in manum*, femme mariée indépendante sous le régime dotal, voilà les trois objets auxquels se réduira notre étude de droit romain.

Femme mariée in manu.

On peut dire que tous les peuples ont commencé par la vie nomade. Dans cette période barbare on ne connaît en général, ni la famille, ni la propriété. Les femmes sont indépendantes et communes, les rapports conjugaux sont des accouplements. Ainsi en fut-il dans l'ancien Orient, la Grèce et l'Italie ; ainsi en est-il encore, si l'on en croit les récits des voyageurs, dans certaines parties de l'Océanie (1).

Un jour vient où la propriété et la famille se fondent ; mais les mœurs sont d'abord patriarcales. Les pouvoirs du chef de famille ont un caractère d'autorité absolue qui s'explique par l'existence agreste et brutale de ces temps primitifs. Le père, qui a engendré, se considère comme maître de ses enfants, personnes et biens. Les traditions bibliques en font foi. Abraham offre en holocauste son fils Isaac à Dieu qui l'éprouve, et n'est arrêté que par l'intervention d'un envoyé du ciel. Jephté consomme jusqu'au bout le sacrifice. — En Grèce il en est de même ; le père de famille est appelé κυριος, c'est-à-dire seigneur et maître. Cette autorité excessive fut connue des Romains et persista jusqu'à la fin de la république, pendant huit siècles.

En effet, la famille à Rome formait un petit État gouverné par une monarchie absolue. A la tête, le *paterfamilias*, qui réunit dans ses mains les pouvoirs de

(1) M. Gide, *Étude sur la condition privée de la femme,* etc., p. 24 et suivantes.

roi, de souverain pontife, de propriétaire, en la personne duquel chacun s'absorbe et qui parlant des siens aurait pu dire sans hyperbole : l'Etat, c'est moi. Au-dessous, les sujets qui sont : au premier rang, le fils, la bru, la fille, les petits-enfants et arriè e-petits-enfants *ex filio*, avec leurs femmes. A côté d'eux, et avec un rang égal, la mère, considérée comme sœur de ses enfants. Plus bas, l'individu *in mancipio*, qui est presque un esclave ; et au-dessous encore les esclaves eux-mêmes. Toutes ces personnes, relevant du *paterfamilias*, sont dites *aleni juris* ; lui seul est *sui juris*.

Je les appelle sujets : Et le mot n'a pas besoin d'être adouci. Car, pour ne parler que des enfants, j mais législation ne les assujettit à une autorité plus absolue. Sur leur corps, le père a droit de propriété : il peut, par l'adoption, les faire entrer dans une autre famille ; par l'émancipation, les faire sortir de sa propre famille, les tuer à leur naissance s'il les trouve difformes, les livrer au bourreau s'ils remportent une victoire et sauvent la patrie. Sur leurs biens même droit de propriété ; l'acquiert par eux, devient créancier par eux et augmente son patrimoine par leurs travaux. Disons, du reste, que c'était là le droit rigoureux, et que les mœurs corrigeaient ce que les lois avaient de trop sévère pour les enfants.

A la mort du chef, la cohésion de la famille est détruite ; chaque enfant, devient à son tour *paterfamilias*, et fonde ce petit état dont je parlais tout-à-l'heure.

Il ne faut pas en excepter la fille. Elle aussi devient indépendante et fonde une famille. Mais elle en est le commencement et la fin.

En effet, ou elle se marie avec *conventio in manum*, et alors sa personnalité disparaît et s'identifie avec celle du mari ;

Ou elle se marie sans *conventio in manus*, et alors elle garde sa personnalité, mais les enfants communs sont considérés comme faisant uniquement partie de la famille du père.

Donc la jeune fille romaine, affranchie de l'autorité paternelle. ou consent à la destruction de sa famille dont elle est l'unique représentant, et la confond dans celle de son mari par la *conventio in manum*, devient la fille de ce dernier et la sœur de ses enfants ; ou bien, se mariant d'un mariage libre, elle reste étrangère à son époux, à ses enfants, et meurt tout entière : *familiæ caput et finis.*

Sur la *manus*, nous étudierons :

1° Comment elle s'acquiert ;

2° Quels sont ses effets ;

3° Comment elle s'éteint ;

4° Quelle fut sa destinée.

1° COMMENT S'ACQUIERT LA MANUS.

Le mariage romain était célébré avec une cérémonie dont la pompe variait suivant la fortune des époux. La religion y préside; la jeune femme, voilée d'un flammeum, est conduite au milieu d'un cortége joyeux de parents et d'amis dans la maison de son époux : au seuil du toit conjugal elle est reçue avec l'eau et le feu, les clefs de la maison lui sont remises, des paroles consacrées sont prononcées. Les poëtes se plaisent à nous donner les détails de cette cérémonie qui, dans une opinion, cache une exigence juridique : la tradition de la femme au mari; et, suivant le langage de M. Ortolan « la joie du cortége, le charme de la poésie, le parfum des fleurs couvraient l'àpreté du droit. »

Les Romanistes, en effet, discutent avec vivacité le point de savoir si le mariage se forme *solo consensu*, ou si une certaine appréhension de la femme au mari est nécessaire. Laissant absolument de côté cette question, il nous suffira de dire que la cérémonie du mariage romain, qu'elle ait pour but de cacher, oui ou non, une tradition de la femme au mari, n'a pas d'influence sur la *manus*.

Celle-ci, en effet, se distingue profondément du mariage. Sans doute elle ne peut exister sans lui, mais il peut exister sans elle. Nous l'avons déjà dit : la *manus* n'a qu'un effet : modifier dans le mariage la condition de la femme vis-à-vis de mari. Comment donc se constituait la *manus* ?

Aucun droit réel ou personnel ne pouvait, à l'origine des institutions romaines, naître sans l'accomplissement de formalités nombreuses, et qui sont le signe de la grossièreté du temps Le droit était alors, pour ainsi dire, matérialisé. Progressivement il se spiritualise, et dépouille sa vieille enveloppe pour revêtir une forme nouvelle. Le formalisme disparaît, et les droits se constituent *solo intellectu.*

S'agit-il d'acquérir le *dominium ex jure quiritium ?* Il faut une aliénation solennelle dite mancipation, en présence de cinq témoins, citoyens pubères ; avec un lingot de métal, un porte-balance, et des paroles sacramentelles. — Ou bien encore une revendication fictive, dite *in jure cessio.* La simple tradition ne suffit que pour les choses de moindre importance dites *nec mancipi.*

Du reste, l'absence des cinq citoyens romains, du porte-balance, le défaut de lingot de métal, en un mot, l'absence de mancipation ou celle d'*in jure cessio* est suppléée par le laps de temps. Une possession caractérisée d'un an pour les meubles, de deux ans pour les immeubles, rend le possesseur propriétaire *ex jure quiritium.* C'est l'acquisition du *dominium* par l'usucapion.

S'agit-il d'acquérir un droit de créance ? Toutes les formalités du *nexum* soit à l'origine indispensables : *quum nexum faciet mancipiumque, uti lingua nuncupassit, ita jus esto,* dit la loi des Douze Tables (1). Dans le *nexum* les cinq citoyens pubères, le porte-balance sont aussi présents. Et pour engendrer l'obligation, le métal doit être pesé et remis par le créancier au futur débiteur.

S'agit-il d'acquérir les droits que les Romains reconnaissent sur les personnes libres ? Comme les individus *alieni juris* sont susceptibles d'une espèce de propriété

(1) Festus, V° *nuncupatio.*

quiritaire, la *mancipatio* que fait de son enfant un *pater familias* transmet le *mancipium* à un autre *pater familias*. Elle doit être répétée trois fois pour un fils, une seule fois pour une fille.

Or, la *manus* confère au mari sur la personne de la femme une espèce de droit de propriété. Donc, pour l'acquérir, le mari doit recourir aux formalités de la *mancipatio*? Oui, c'est ce qui a lieu dans le cas de *coemptio*. Mais à défaut de l'accomplissement de ces formalités ? Le laps de temps suppléera : c'est l'acquisition de la *manus usu*.

COEMPTIO.

Gaïus dit (1) : « La *coemptio* fait tomber la femme *in manu* au moyen d'une *mancipatio*, espèce de vente (*imaginaria venditio*) qui a lieu avec le concours de cinq témoins, citoyens romains, pubères, et d'un porte-balance, non compris, bien entendu, la femme et le mari. »

Puis, lorsqu'il dépeint avec plus de détails les formalités de la *mancipatio*, il ajoute (2) : Celui qui reçoit à titre de *mancipium*, appréhendant la chose, prononce les paroles suivantes : « Je dis que cet homme (ou cette chose) m'appartient d'après le droit des Quirites, et je l'ai acheté au prix de cette pièce de monnaie. » A ces mots, il frappe la balance avec le métal qu'il donne en guise de prix à celui de qui il tient la chose.

(1) G. C. 1, § 113.
(2) G. C. 1, § 119.

si paret hunc hominem ou hunc feminam Auli Agerii in potestate esse ex jure Quiritium, ou hunc hominem Auli Agerii filium esse ex jure Quiritium.]

4° Le *paterfamilias* pouvait abandonner noxalement son enfant au tiers envers lequel celui ci avait commis un délit, et par cet abandon, il évitait l'obligation de payer une peine pécuniaire. S'il en fut ainsi du fils de famille, il est permis de conjecturer qu'à une époque reculée, le mari qui avait sa femme *in manu* put l'abandonner noxalement à celui envers lequel elle avait commis un délit.

2° SUR LES BIENS.

A l'origine, le fils de famille était traité comme l'esclave; aucun bien, aucune créance ne pouvaient reposer sur sa tête, et dès l'instant même de leur acquisition, passaient sur la tête du père de famille.

Il en était de même de la femme *in manu*. Les biens que son père lui donnait à l'occasion de son mariage, ou ceux que libre elle apportait, tombaient dans le patrimoine du mari, et elle ne pouvait en acquérir de nouveaux.

Mais, tandis que la position du fils de famille s'améliora peu à peu, surtout depuis l'Empire, celle de la femme *in manu* resta stationnaire. Le *filius familias* put avoir un pécule *castrens*, fruit du butin pris sur l'ennemi ou des économies de la solde; un pécule *quasi castrens*, fruit des économies faites dans l'exercice des fonctions publiques; mais la femme n'allait pas à la guerre, elle n'entrait pas aux fonctions publiques, de sorte qu'à côté d'un mari propriétaire, d'un fils propriétaire, elle restait sans patrimoine, sans indépendance et sans personnalité. Du reste, à la mort du chef, la femme succède à cette masse de biens qui étaient plutôt une propriété indivise que droit exclusif du père de famille, et elle prend une part d'enfant dans ce patrimoine qu'elle a contribué a acquérir et à augmenter. Remarquons enfin qu'à l'époque ou le pécule *castrens* et *quasi castrens* prirent naissance, déjà les mariages libres étaient f. équents; et qu'à l'époque où ces pécules eurent pris tout leur développement, les mariages avec *conventio in manum* avaient presque disparu.

Avant d'en finir sur les effets de la *manus*, nous essaierons de réfuter une théorie nouvelle émise récemment par l'un de nos éminents maîtres, M. Gide, dans son bel ouvrage sur la condition privée de la femme dans le droit ancien et moderne. — Pour lui, ce n'est pas à la *manus* que le mari devait ses pouvoirs sur la personne de sa femme, mais à sa qualité de mari; la *manus* n'aurait d'effet que sur les biens de la femme, et produirait ce que nous appelons aujourd'hui une communauté universelle, avec cette différence que la femme succédera à tout le patrimoine du mari, et par conséquent aux biens qu'elle a apportés, s'il n'existe pas d'enfants *in patria potestate*; et, s'il existe des enfants *in patria potestate*, pour sa part seulement.

Il résulterait de cette théorie que le femme même

extra manum serait à la disposition du mari qui pourrait châtier ses fautes et ses délits, la punir de mort, de sorte qu'elle appartiendrait en même temps et à son mari et à sa famille ; « la puissance paternelle ou tutélaire d'une part, la puissance maritale de l'autre, concouraient sans s'exclure. »

Tel est, en résumé, le système ingénieux proposé par M. Gide. Il a pour lui l'avantage de détruire cette disparate entre la position de la femme *in manu* et celle de la femme *extra manum*. Il serait bizarre, en effet, que dans une même cité, restreinte comme était la Rome des premiers rois, l'on pût voir deux épouses, dont l'une fût légalement à la discrétion absolue de son mari, et l'autre légalement libre et indépendante.

A l'appui de sa thèse, M. Gide cite des textes d'auteurs latins dont les récits témoigneraient l'exercice par le mari des droits de vie et de mort sur la personne de leur femme non soumise à la *manus* (1). Ces témoignages ne s'ont rien moins que probants : je me suis reporté aux textes, ils ne parlent pas formellement de femmes mariées d'un mariage libre. Les faits racontés se sont passés à une époque où la *manus* existait encore et rien ne prouve que les maris qui ont exercé ces sévérités ne tinssent pas leurs pouvoirs de la *manus*. Son principal argument, M. Gide l'emprunte à Gaïus, qui s'exprime ainsi (2) : « Par les personnes qui sont *in potestate*, nous acquérons non-seulement la propriété,

(1) M. Gide, page 223. — Val Max II, IX, 2. — Tacit. Ann. 32.
(2) G. II, § 90.

mais aussi la possession ; par celles qui sont *in manu*
ou *in mancipio*, nous acquérons bien la propriété,
quant à la possession, c'est controversé (*quæri solet*), et
la raison de douter c'est que ces dernières personnes
nous ne les possédons pas. »

Voilà, dit M. Gide, une preuve que la *manus* atteint
seulement le patrimoine de la femme et non pas sa personne ; autrement, si elle atteignait sa personne, le mari
posséderait la femme et serait possesseur des choses
dont elle-même aurait la possession.

Et d'abord, je fais remarquer que cette opinion a
déjà le tort de reposer sur une question controversée
« *an possessio adquiratur quæri solet ;* » mais pour quel
motif, est-ce un point débattu que celui de savoir si
nous acquérons par notre femme *in manu ?* C'est que
« nous la possédons pas, » dit Gaïus.

Ce motif est-il sérieux ? A mon avis, non. La preuve,
c'est qu'il n'est pas nécessaire de posséder une personne
pour acquérir la possession par elle : Justinien nous dit
en effet que *per extraneam personam* on peut acquérir
même à son insu. Il suffit pour cela que cette *extranea
persona* ait possédé avec intention de nous conférer la
possession. Or, la femme *in manu* qui ne peut acquérir
de propriété que pour son mari, ne peut non plus évidemment acquérir de possession que dans l'intention de
l'en faire bénéficier.

Mais admettons pour un instant l'explication de
M. Gide comme plausible. Qu'en faudra-t-il conclure ?

C'est que le *mancipium* sur l'homme libre atteint seulement ses biens et nullement sa personne. Dans le texte précité, Gaïus met sur le même rang la femme *in manu* et l'individu *in mancipio*. Or, cette solution est inadmissible.

Car l'individu *in mancipio* n'est pas soumis à une simple autorité paternelle, il est *loco servi*. S'il est esclave, c'est que celui auquel il a été vendu a acquis des droits sur sa personne.

A l'argument de texte, M. Gide ajoute une considération : la femme *in manu* ne peut être vendue ni cédée en réparation de dommages, ni donnée en adoption (1).

L'explication est facile ; et d'abord, dans les premiers temps de Rome, l'épouse *in manu* était susceptible de mancipation, et d'après M. Gide lui même, Romulus aurait abrogé ce droit exorbitant du mari.

Mais quoi d'étonnant du reste que le mari ait, dans la *manus*, des droits sur la personne de sa femme, et qu'il n'ait pas cependant ceux de la vendre, de l'abandonner noxalement, de la donner en adoption ? La *manus* lui confère des droits, mais des droits restreints : la femme est *loco filiæ*, c'est vrai, mais sa condition n'est pas mathémathiquement celle d'une fille. L'épouse romaine *in manu*, quelle que fut sa sujétion, a toujours été respectée, elle partageait les honneurs et les dignités de son mari, et si en droit elle n'était rien auprès de lui, en fait et dans les mœurs, elle était son égale : « *ubi tu Caïus,*

(1) M. Gide, page 134.

ego Caïa. » D'ailleurs la monogamie était profondément enracinée à Rome ; dans cette ville ou le divorce était permis, pendant sept siècles on n'en vit aucun exemple. Le droit de manciper la femme, de l'abandonner noxalement, de la donner en adoption, n'eut-il pas été une polygamie légalisée ?

Mais le mari qui n'a pas la *manus* à l'action d'injures si sa femme est insultée ! *Pati injuriam videmur... per uxores nostras, quamvis in manu non sint* (1). Donc, indépendammet de la *manus*, il a des droits sur sa personne.

Je réponds : cela ne prouve pas qu'indépendamment de la *manus* il ait sur sa persoune droit de vie et de mort ! Le mari à l'action d'injures au nom de sa femme, parce qu'il est fort et qu'il doit la protéger. *Defendi uxores a viris œquum est*, dit Justinien (2), à une époque où la *manus* avait depuis longtemps disparu. La théorie de M. Gide a le mérite d'être fort ingénieuse, mais elle ne me semble pas sérieusement fondée. Elle tombera, je l'espère, devant les considérations suivantes :

1° On lit dans tous les ouvrages et dans celui de l'auteur que je combats : la *manus* opère une *capitis minutio*, un changement de famille radicale. La femme cesse d'être la *filia-familias* de son père. Et ces expressions, tout en exagérant un peu la portée de la *manus*, en expriment assez exactement les conséquences.

(1) G. III, § 221.
(2) Inst. liv. IV, tit. IV, § 3.

Mais s'il en est ainsi, comment concevoir qu'une *capitis minutio*, qu'un changement de famille produise un effet sur les biens seulement? L'adoption, l'adrogation, ne produisent-elles donc pas d'effets sur la personne de l'adopté, de l'adrogé? Et leurs biens seuls changent-ils de maître? La femme *in manu* devient *loco filiæ* : C'est le mot de Gaïus et d'Ulpien. Comment concevoir que ces jurisconsultes, dont le langage est si exact, aient voulu désigner par là cette communauté universelle que l'on prétend être l'objet de la *manus!*

2° Si elle n'atteint que les biens, non la personne, il faut dire que la femme *in manu* est encor *filia-familias* et que *in manu* ou *extra manum* elle est toujours soumise à une double autorité, celle du mari, celle du père ! Il est vrai que l'on pourra ici encore faire intervenir le tribunal domestique pour les concilier.

Enfin, 3° si le but de la *manus* est de mettre en commun les biens du mari et de la femme, à quoi bon, pour arriver à cet effet, la *coemptio* de la femme au mari l'usucapion, la confarréation? La femme, si elle est *sui juris*, mancipera ses biens au mari; le père de la femme *alieni juris* lui transférera ceux dont il veut doter sa fille, et tout sera dit ! Pourquoi manciper la femme elle-même, si cette mancipation ne doit pas modifier ses droits vis-à-vis de son époux, si elle ne doit pas produire par là un effet analogue à celle qu'elle produit sur l'adopté, l'adrogé, l'homme libre !

Mais dira t-on ? Cette translation en propriété des biens de la femme au mari met en sa possession les biens actuels de la femme; quant à ceux qu'elle pourrait acquérir par la suite, sans la *manus*, le mari ne les acquiert-il pas? Je réponds ! Et c'est la preuve que ma théorie est exacte. S'il faut une *conventio in manum* pour rendre le mari propriétaire des biens que sa femme acquerra par la suite, c'est que la *manus* modifie la situation juridique de l'épouse, et jette pour ainsi dire sa personnalité dans celle du mari. Ce n'est pas le mariage par lui-même qui produit cet effet; dans le mariage sans *manus*, la femme conserve en propre les biens qui lui sont donnés ou légués; ceux auxquels elle succède ou qu'elle a acquis par son travail.

Cette étude des effets de la *manus* suffit pour nous donner une idée des prérogatives exorbitantes qu'elle attribuait au mari sur la personne de sa femme. Est-ce à dire pour cela qu'en fait la condition de cette dernière fût intolérable?

Non : et nulle part dans les auteurs latins on ne trouve le récit des doléances qu'un pareil état de choses eût suscité, si les maris avaient abusé des armes que la loi mettait entre leurs mains.

C'est que le droit disparaissait devant les mœurs. Légalement la femme est fille et sujette de son mari ; en fait, elle est son égale. Elle est juridiquement sœur de ses enfants ; mais elle est respectée et vénérée par eux. Elle ne va pas au forum et reste étrangère aux affaires publiques; mais si le mari devient magistrat, elle partage ses honneurs. Elle n'a pas de patrimoine propre ; mais le patrimoine de la famille est en bonnes mains, celles du *paterfamilias* qui sait qu'il doit un jour le transmettre aux enfants communs. Le mari est son maître, mais il n'oserait la chasser du foyer conjugal pour y faire entrer une autre femme; la polygamie est sévèrement punie par les lois; et le divorce lui-même, permis en droit, est réprouvé par les mœurs publiques et la religion.

On dit souvent, et rien n'est plus vrai, que la servitude abaisse et que la liberté élève. Dira-t-on que les femmes romaines étaient esclaves, quand elles donnaient des Gracques à la patrie, comme Cornélie, ou quand elles sauvaient Rome, comme Lucrèce, Véturie, Volumnie?

La condition de la femme n'était donc pas aussi malheureuse qu'on se plaît à la répéter souvent. La *manus* était une institution dure, c'est vrai; mais sa rigueur trouvait un singulier adoucissement dans l'usage qu'en faisait le mari. Autrement comment expliquer le tableau si touchant que font de la famille romaine historiens et poëtes?

3° COMMENT S'ÉTEINT LA MANUS.

Elle ne peut exister qu'avec le mariage; donc elle cesse avec lui. Par conséquent, la manus s'éteint :

1° Par la mort du mari ou de la femme;

2° Par le divorce;

3° Par la servitude de l'un des époux,

Au cours du mariage, la *manus* ne pourrait-elle cesser par la volonté des conjoints ou du mari seul? Ainsi le mari n'aurait-il pas droit d'émanciper sa femme et de la rendre *sui juris*? Et cette émancipation, laissant subsister le mariage, ne dissoudrait-elle pas la *manus*! Cette idée, qui paraît bizarre au premier abord, ne manquerait pas d'un fondement rationnel : Le père peut émanciper ses enfants; or, sa femme est *loco filiæ*. D'autre part Festus nous parle de la *diffareatio*, cérémonie nécessaire pour dissoudre un mariage célébré avec *confarreatio*.

4° QUELLE FUT LA DESTINÉE DE LA MANUS.

La pureté des mœurs était une condition indispensable à l'existence de cette institution. Car le respect et l'amour de l'épouse en tempéraient seuls la rigueur. Du jour où les mœurs se relachèrent, où le foyer conjugal cessa d'être le foyer des vertus domestiques, où les divorces, autrefois impossibles, se multipliérent, la *manus* dut être une odieuse tyrannie, et c'en était fait d'elle. La femme craignit de s'y soumettre, et plutôt que de se livrer corps et biens à une autorité despotique, elle préféra, avec le célibat, la puissance paternelle déjà adoucie ou celle des agnats qui devenait illusoire.

Telle est, à mon sens, la cause principale de la disparition de la *manus*. La femme ne veut pas exposer à la légère son patrimoine au danger d'un mariage temporaire. Elle réserve tous ses droits, et si elle apporte une dot à son mari, elle en stipule la restitution.

C'est ainsi qu'aux mariages avec *conventio in manum* succédèrent les mariages libres. L'épouse reste *filia-*

familias si son père est vivant ou *sui juris* s'il est mort. Elle apporte des biens pour supporter les charges du mariage, mais avec droit de les reprendre un jour. Evidemment, ce changement ne fut pas l'œuvre d'un instant; il fallut les efforts de plusieurs siècles; la *manus* perdit du terrain au fur et à mesure que la corruption en gagna. Or le mal, même général, n'atteignit pas toutes les familles; là où se conservèrent intactes les vertus de l'ancienne Rome, se conservèrent aussi intactes les anciennes institutions. C'est ainsi que l'on voit subsister côte à côte les mariages libres qui deviennent de plus en plus nombreux et les mariages avec *conventio in manum* qui diminuent. Au temps de Gaïus, on en retrouve encore. Le christianisme leur porta sans doute les derniers coups. Sous Justinien, il n'en est plus question.

Femme mariée sans conventio in manum.

L'épouse qui n'a pas été l'objet d'une *coemptio* ou d'une usucapion, et qui n'est pas mariée avec *confarreatio*, ne change pas de famille. Se trouve-t-elle en puissance ? Elle reste en puissance. Le père a toujours sur elle le droit de vie et de mort, et son pouvoir a encore tant d'énergie, qu'il peut, suivant Ennius (1) l'arracher à l'époux auquel il l'a donnée.

Se trouve-t-elle *sui juris*, et par conséquent en tutelle ? Ce n'est pas son mari qui aura la gestion de son patrimoine, mais elle-même, avec l'*auctoritas* de ses tuteurs dans les cas où la loi romaine l'exige. Elle n'a point voulu sans doute, ou ses tuteurs n'ont point voulu que ses biens, héritage précieux du père décédé, fussent le domaine d'une nouvelle famille. À son mari, elle a préféré ses frères ou ses autres parents. Du reste, elle pourra se repentir ; si des enfants naissent de son mariage, et si elle veut leur transmettre son patrimoine, elle n'aura qu'à laisser s'écouler l'année entière sans quitter le toit conjugal. L'usucapion accomplie, le patrimoine de la femme deviendra le patrimoine du mari, et un jour, il passera entre les mains des enfants communs, héritiers de leur père. Je ne veux pas ici étudier la tutelle perpétuelle des femmes, je sortirais du cadre de mon sujet ; je dirai seulement qu'adoptant l'idée nouvelle enseignée à la faculté de droit (2), je considère

(1) Ennius.
(2) M. Gide, cours de 1867-1868.

cette tutelle perpétuelle des femmes comme une conséquence non pas de l'incapacité du sexe, mais du désir de conserver les biens dans les familles. Cette idée est fort ancienne à Rome, elle a présidé à la rédaction de la loi des douze tables, qui faisant reposer la famille sur la *potestas*, la constitua si fortement. Pour maintenir sa force et sa splendeur, il fallait qu'elle conservat ses biens ; or la femme, par un mariage avec *conventio in manum*, porte sa fortune à un époux. Est-elle en puissance ? Rien n'est à craindre ; le père est libre, du moins jusqu'à l'empire, de lui refuser une dot, mais si elle est *sui juris*, alors naît le danger ; car elle a succédé au père dont elle est *heres sua* ; mais les tuteurs sont là. Aussi pour *convenire in manum* leur *auctoritas* est nécessaire (1) et cette *auctoritas* doit être demandée aux agnats héritiers présomptifs de la femme, intéressés par conséquent à la refuser.

Disons cependant que de tout temps, aussi bien dans l'antiquité que dans les temps modernes, on a fait reposer l'incapacité légale de la femme romaine, sur l'absence de toutes les qualités dont la réunion est nécessaire pour bien administrer : *Propter infirmitatem consilii, propter animi levitatem* (2).

Le motif n'est pas sérieux : Je ne dirai pas ce qu'il a de blessant pour la plus grande, pour la plus belle partie de l'humanité. Depuis longtemps l'on est revenu de cette idée, et aujourd'hui les législations européennes resti-

(1) G. I, § 115.
(2) G. I, § 114.

tuent en général à la femme la capacité dont la privaient les lois anciennes : Il me suffira de réfuter les détracteurs de la femme par Gaïus lui-même : L'opinion vulgaire dit-il (1) est que cette tutelle des femmes a pour origine la légéreté de leur caractère et a pour but de les protéger contre les erreurs auxquelles elles sont sujettes : Cette raison est plus spécieuse que solide. Les femmes, du jour où elles sont nubiles, font elles-mêmes leurs affaires et dans quelques cas seulement et pour la forme, ce tuteur intervient et donne son *auctoritas*, souvent même il y est contraint par le prêteur.

C'est dans l'intérêt des tuteurs eux-mêmes, héritiers de la femme qu'a été établie la tutelle. Je n'ajoute rien à l'opinion du profond jurisconsulte qui seul dans l'antiquité n'a pas accepté à la légère l'accusation que tous dirigeaient contre les femmes et a cherché la vérité dans l'examen sérieux de la loi romaine qu'il exposait.

La tutelle des femmes avait donc son origine dans l'idée de la conservation des biens dans les familles. Quand, à la fin de la République, le caractère aristocratique de l'Etat fut changé, la splendeur des familles n'occupa plus autant l'idée du législateur, et la tutelle des femmes disparut.

Elle était un droit pour les agnats : elle devint une charge (2). Les pouvoirs publics intervinrent et donnèrent à la femme des tuteurs étrangers qui lui laissèrent une complète liberté. Ainsi en fut-il des tuteurs

(1) Gaïus, I, 190-192.
(2) M. Gide, pag. 154.

testamentaires nommés par le père à sa fille, ou par le mari à sa femme *in manu* (1); même le père ou le mari avaient droit de laisser à la femme le choix du tuteur qui, n'ayant aucnn intérêt à empêcher la femme de contracter, n'intervenait que pour la forme, *dicis gratia*, comme dit Gaïus. Ainsi en fut-il des tuteurs datifs nommés par le magistrat à la femme qui n'a pas de tuteur légitime ni testamentaire, ou destinés à remplacer un tuteur incapable ou empêché. Par la *manus* même la femme changeait de tuteur légitime, et prenait un tuteur que l'on peut appeler optif. (Gaïus, 1 § 115 a.)

Bien plus, Auguste affranchit de toute tutelle la femme mère de plusieurs enfants. Claude supprima la tutelle des agnats, et enfin, un édit de Théodose, attribuant à toutes les femmes les priviléges de la maternité, abolit définitivement la tutelle perpetuelle des femmes.

Est-ce à dire que la femme mariée sans *conventio in manum* n'était soumise à aucune autorité maritale, que le mariage n'avait rien changé à sa condition civile? Je ne le crois pas. Aujourd'hui encore, à une époque où l'épouse a une personnalité distincte de celle de son mari, chez tous les peuples, elle subit la prééminence maritale. Or, comment concevoir qu'à une époque, celle de la loi des Douze-Tables (2), où en définitive la force était le principe du droit, le sexe faible n'ait pas été

(1) *Uxori quæ in manu est, proindè ac filiæ, tutor dari potest.*

(2) Nous avons montré ci-dessus que, dès la loi des Douze-Tables, l'on connaissait déjà des mariages sans *conventio in manum.*

assujetti au sexe fort? Non. Il est certain que le mari qui n'avait pas la *manus*, n'était pas dépourvu de tout droit sur la personne de sa femme.

Mais, en quoi consistait sa puissance? Là est la difficulté. Les jurisconsultes et les historiens romains sont fort sobres de détails à ce sujet. Il y a lieu de penser cependant que, d'une manière générale, le mari avait le droit de commander, et la femme le devoir d'obéir; qu'elle devait accepter le domicile conjugal fixé par le mari, et y résider.

Ajoutons, au reste, que, sur les biens de la femme, le mari eut un droit de propriété, lorsque fut constitué le régime dotal. C'est maintenant le lieu d'en étudier la formation.

3° Un droit de servitude existant au profit du fonds dotal : le mari n'a pas qualité pour en consentir l'extinction au profit du fonds servant (2); la perte par le non-usage de la servitude prædiale ou urbaine est également impossible (3); bien entendu la loi Julia prive le mari du droit de grever le fonds dotal d'aucune servitude prædiale ou urbaine (4).

4° Le droit de superficie.

5° Le droit d'emphytéose.

6° L'immeuble que le mari a seulement *in bonis.*

Sans doute la loi Julia suppose le mari propriétaire : mais la loi d'Auguste ne vise pas seulement celui qui a le *dominium ex jure quiritium.* Et d'abord, en effet, serait-il raisonnable que le mari auquel le fonds mancipi aurait été mancipé ou cédé *in jure, dotis causâ,* fut incapable d'aliéner, et que celui auquel il aurait été seulement livré *dotis causâ* eût tout pouvoir de disposition? Non : une entente entre le constituant et le mari eut permis d'éluder trop facilement la loi Julia.

Du reste, pour que l'immeuble dotal soit inaliénable, il suffit que le mari ait sur lui le *dominium* (5). Or, la personne qui a une chose *in bonis* a sur elle le *dominium.* En effet, dit Gaïus (6) : *apud peregrinos quidem unum*

(1) Papinien, loi 21 *de manumtssionibus,* dig.
(2) Ulpien, loi 5 *de fundo dotali.*
(3) Loi 6 *de fundo dotali.*
(4) Loi 5 *de fundo dotali.*
(5) Loi 13 § 2, *de fundo dotali.* (Ulpien) (Dig.)
(6) Gaïus 11, § 40.

A. BASQUIN.   5

est dominium..... *quo jure etiam populus romanus olim utebatur...... sed postea divisionem accepit* dominium, *ut olim possit esse in jure quiritium* dominium, *in bonis habere.*

Enfin différents textes, la loi 4 *soluto matrimonio*, Dig.; et la loi 14 pr. *de fundo dotali* attestent l'exactitude de ce fait que le mari ne peut, aux termes de la loi Julia aliéner le fonds qu'il a *in bonis.*

7° La possession de bonne foi : le mari a reçu de bonne foi, *dotis causâ*, un fonds qui n'appartient pas au constituant; il n'a pas capacité pour transférer à un tiers cette possession de bonne foi de manière à le mettre *in causâ usucapiendi*; la loi Julia est muette à cet égard, mais la solution est commandée par la logique: un pupille possède de bonne foi un immeuble qu'il a acheté : *dicendum puto*, dit Ulpien (1), *nec hunc (fun-lum) alienare tutores posse.*

Pourquoi le mari aurait-il plus de droit que le tuteur?

Tous les droits immobiliers ci-dessus énumérés, jusqu'à la loi Julia, le mari put les aliéner : après la loi Julia il en fut incapable.

L'immeuble transféré en propriété au mari *dotis causâ*, mais avec estimation n'est pas inaliénable; car ce qui est dotal, ce n'est pas le fonds, mais le prix de l'estimation : *OEstimatio venditio est.* La femme est considérée comme créancière d'un prix de vente, et ce qui doit lui être restitué, c'est une somme d'argent.

(1) Ulpien, loi 5, § 2 *de rebus eor.* (Dig.)

L'intérêt est très grand ; si le mari est insolvable lors de l'exercice de l'action *rei uxoriæ* , la femme n'aura pas qualité pour poursuivre le tiers détenteur, et sera armée seulement de son *privilegium*. Du reste, s'il avait été stipulé que la restitution porterait sur l'immeuble lui-même, quoique estimé, il serait inaliénable, car le fonds est dotal ; seulement l'estimation a été faite *taxationis causâ*, pour établir un minimum d'obligation du mari. (Loi 5 *de jure dot.* au Code).

Un mari pourrait avoir reçu en dot un fonds provincial, est-il inaliénable comme le fonds italique ? La loi Julia ne s'est point sans doute prononcée sur la question qui faisait doute encore au temps de Gaius. (1) Elle fut tranchée plus tard dans le sens de la négative; mais Justinien fait erreur lorsqu'il nous dit que la loi Julia visait les fonds provinciaux et touchait à leur aliénabilité (2). Cette faculté laissée au mari d'aliéner le fonds provincial peut sembler bizarre à une époque surtout où les relations avec les provinces devenaient chaque jour de plus en plus nombreuses. La raison juridique qui fit repousser l'inaliénabilité par les jurisconsultes fut peut-être double ; d'abord les incapacités ne peuvent se suppléer ; ensuite le fonds n'est dotal et par conséquent inaliénable qu'autant que le mari en est propriétaire. Or, le proprétaire des fonds provinciaux, c'est le Sénat ou l'Empereur (3).

(1) Gaius II, § 66.
(2) Just. *quibus aliénare licet vel non.* Pr.
(3) M. Demangeat.

2° — *Que faut-il entendre par aliénation ?*

La règle de l'inaliénabilité de l'immeuble dotal souffre un certain nombre d'exceptions. En effet, ce que veut la loi Julia, c'est empêcher l'aliénation par la seule volonté du mari. Aussi, toutes les fois que celui-ci se trouve dépouillé par une circonstance indépendante de sa volonté, *ex causâ necessaria*, suivant l'expression romaine, alors la loi Julia ne souffre aucune atteinte (1). Les textes nous donnent des exemples de cette *alienatio necessaria*.

1° Le fonds dotal tombait en ruine et menaçait la propriété du voisin. Celui-ci demande au mari la *cautio damni infecti*, le mari la refuse. Le prêteur envoie le voisin en possession du fonds dotal, le mari continue sa coutumace; le prêteur donne au voisin la possession *ad usucapionem*. Le voisin a le fonds dotal *in bonis* et par l'usucapion acquiert le *dominium ex jure quiritium*. La femme ne pourra revendiquer contre lui (2).

Sans doute, la cause de l'aliénation, c'est le refus de fournir la *cautio damni infecti*, acte volontaire chez le mari, mais l'aliénation n'est pas considéré par la loi romaine comme volontaire, car elle n'a pas été directe.

2° Le mari a reçu de la femme ou d'un tiers la moitié indivise du fonds cornélien; elle n'a pas été estimée,

---

(1) Loi I. Pr. *De fundo dotali* (Dig.)
(2) Loi 1. Pr. Dig. *de fundo dotali.*

donc elle est dotale et par conséquent inaliénable. Pourra-t-il intenter l'action en partage contre son copropriétaire? Non, car le partage entraîne aliénation chez les Romains. Mais si le co-propriétaire intente l'action *communi dividundo* ou *familiæ erciscundæ*, il devra y défendre et le pourra valablement ; le partage effectué, l'aliénation qui en résulte n'est pas attaquable au nom de la loi Julia, elle est considérée ayant u lieu *ex causa necessaria* (1).

En résumé, donc le fonds dotal est inaliénable *ex causa voluntaria* ; mais que faut-il entendre par le mot aliénation?

Et d'abord, évidemment le successeur universel aux biens du mari succède au fonds dotal, mais il le prend tel qu'il le trouve, c'est-à-dire, frappé d'inaliénabilité. Ainsi :

1° L'héritier du mari sera comme son auteur, propriétaire du fonds dotal ; mais entre ses mains, comme entre les mains du mari le fonds reste inaliénable (2).

2° Le mari devient esclave, et tombe sous la puissance d'un maître. Ainsi, c'est un affranchi qui se rend coupable d'ingratitude envers son patron, ou bien encore un majeur de 20 ans qui se laisse vendre pour participer au prix. A l'instant même ou naît la servitude, naît la puissance dominicale et avec elle un droit de propriété sur tous les biens de l'esclave ; le maître

______

(1) Loi 2. Cod. *de fundo dotali.*
(2) Loi I. § I Dig. *de fundo dotali.*

propriétaire du fonds dotal ne pourra cependant l'aliéner (1).

3° Les biens d'un particulier passent au fisc par l'effet de certaines condamnations pénales : Mort, perte de la cité, de la liberté.

Le fisc succède à l'obligation de payer les dettes (2). Si le condamné est un mari, il est soumis à l'action *rei uxoriæ*, et, quoiqu'il soit toujours réputé solvable, le fisc ne pourra cependant aliéner le fonds dotal trouvé dans le patrimoine (3).

4° En cas d'adrogation du mari, quoique la *Capitis deminutio* ait pour effet d'éteindre les dettes de l'adrogé, l'action de dot subsiste et l'adrogeant en est tenu (4). Le fonds dotal reste encore inaliénable.

5° Si le mari contractait avec des tiers une *societas totorum bonorum*, à l'instant même il perdrait sur l'immeuble dotal son droit absolu de propriétaire, et ne conserverait qu'une part indivise (5). Donc voilà une indivision qui prend la place d'un droit exclusif : mais à l'égard de la femme, l'immeuble dotal reste inaliénable; le jour où le mariage viendra à se dissoudre, la femme pourra le réclamer, la société fut-elle encore existante. Il est possible que le mari tombe en déconfiture, et que sur les poursuites de ses créanciers, la *venditio bo-*

(1) Loi 2. Pr. *de fundo dotali.*
(2) Loi 51. Pr. Dig. soluto matrimonio.
(3) Loi 2, § 1, *De fundo dotali.*
(4) Loi 8, *De capitis minut.*
(5) Loi 1, § 1 et loi 2. *pro socio.*

norum, c'est-à-dire la vente en masse de ses biens ait lieu (1) : dans cette vente sera compris le fonds dotal. Est il inaliénable entre les mains de l'acheteur du patrimoine ? Tout donne lieu de le croire ; il me semble posé en règle dans le § 1 de la loi 1 *De defundo dotali* que du moment où le fonds dotal passe à un tiers par *universitatem*, il y passe *cum suo jure, ut alienari non possit*. Ce texte et les suivants donnent des exemples relatifs à l'héritier du mari, au maître du mari devenu esclave, au fisc ; mais ils ne sont pas limitatifs, et je crois que l'on doit appliquer la règle précédente à l'*emptor bonorum* ; car si la loi Julia *De adulteris* a voulu, en frappant l'immeuble dotal d'inaliénabilité, assurer la restitution de la dot, c'est le cas ou jamais d'en appliquer la règle quand le mari tombe en déconfiture.

La loi même a été plus loin ; elle donne à la femme, en cas de déconfiture du mari, quoique le mariage ne sois pas dissous, le droit de réclamer la restitution de sa dot ; sans doute, l'immeuble restera vendu à l'*emptor bonorum* et ne sera pas distrait ; mais sur le prix de la vente, elle exercera son *privilegium inter personales actiones*. En résumé donc, quand on dit que le fonds dotal est inaliénable, cela ne signifie nullement qu'il ne pourra changer de mains, qu'il sera toujours et nécessairement dans le *dominium* du mari : la loi Julia ne pouvait empêcher l'aliénation *per universitatem* pas plus que l'aliénation nécessaire : Ce qu'elle a interdit, c'est l'aliénation volontaire et de plus *jure singulari*.

(1) Gaïus III, § 77 à 80.

Mais à ce titre, tout acte susceptible de transférer la propriété du fonds dotal aux tiers est interdit ; *Omnis actus per quem dominium transfertur* (1).

Il n'y a pas à distinguer s'il est à titre gratuit ou onéreux, entre vifs ou à cause de mort.

La loi Julia déclare l'aliénation valable si la femme a consenti.

Cette disposition mérite notre attention : elle prouve que la capacité civile de la femme était déjà reconnue et que cette capacité ne devait pas souffrir dans le mariage de la prétendue influence du mari sur l'épouse.

Elle est d'autant plus remarquable qu'au temps de la loi Julia, les donations entre époux sont interdites, et que si l'on en croit le jurisconsulte Ulpien (2), le motif de leur prohibition était justement la crainte de l'influence de l'un des conjoints sur l'autre.

La loi d'Auguste atteste qu'elle ne s'en effraie pas, autrement elle eût déclaré l'immeuble absolument inaliénable. Elle est revenue à cet égard aux vrais principes. C'est dans l'intérêt de la femme qu'elle prohibe l'aliénation du fonds dotal. Donc celle-ci peut y consentir ; et il n'importe dans quelle forme elle donne son adhésion, expressément ou tacitement ; avant l'aliénation, lors de l'aliénation, ou même après, sous forme de ratification.

(1) L. 1, *De fundo dotali* (Cod.),
(2) Loi 2, Dig. *De Donat. int. vir et uxor.*

3° *Conséquences de l'aliénation de l'immeuble dotal.*

L'aliénation n'est pas toujours nulle *de plano*; en effet, il est possible que le mari n'ait pas à restituer l'immeuble dotal : par exemple : si le mariage se dissout par la mort de la femme qui n'avait pas stipulé la restitution de la dot. Alors, en effet, le fonds appartenait à un propriétaire aux pouvoirs duquel il n'existait aucune restriction, le tiers acquéreur a une propriété inattaquable. Si nous supposons en sens inverse que la femme avait stipulé la restitution, l'aliénation est nulle et susceptible d'être attaquée dès à présent (1). Plaçons-nous dans une hypothèse où le mari doit restituer le fonds dotal; qui est fondé à demander la nullité de l'aliénation ?

Voici la règle :

Ce droit ne peut naître qu'en la personne de la femme dans l'intérêt de qui a été portée la défense de la loi Julia.

D'où les conséquences suivantes :

1° La dot a été constituée par un tiers et la restitution stipulée à son profit.

La femme n'a donc pas l'action *rei uxoriæ*. — L'immeuble dotal est aliénable, et son aliénation ne pourra être de la part du constituant, l'objet d'aucune attaque du chef de la loi Julia. — Bien entendu en cas de fraude du mari, il aurait à son service l'action Paulienne.

2° La dot a été constituée par le père de la femme qui prédécède :

(1) Loi 17 *de fundo dotali* (Dig.)

Il reprend donc la dot profectice: mais peut-il attaquer l'aliénation d'un immeuble qui se trouvait dans les fonds dotaux?

Les textes sont muets à cet égard, mais il faut répondre sans crainte : non. Car la défense de la loi Julia a été édictée uniquement dans l'intérêt de la femme (1).

3° L'action *rei uxoriæ* était ouverte au profit de la femme : ainsi le divorce venait d'avoir lieu ou le mari venait de mourir; elle avait mis en demeure le débiteur de la dot; voilà qu'elle meurt à son tour. Que le mari divorcé ou que l'héritier du mari prédécédé aliène l'immeuble dotal : l'aliénation est valable; car la femme a bien transmis à ses héritiers l'action *rei uxoriæ*, mais n'a pas le droit de demander la nullité d'une vente qui n'avait pas encore eu lieu. — Or ce droit ne saurait naître qu'en la personne de la femme. Pas plus qu'un étranger, l'héritier n'a, *ex propria persona*, le droit d'attaquer l'aliénation; *totiens non potest alienari fundus quotiens* mulieri *actio de dote competit aut omnimodo competitura est* (2).

Mais du jour où ce droit est né, il est transmissible à l'héritier de la femme : *heredi mulieris idem auxilium præstabitur, qaod mulieri præstabatur.* C'est là cependant une différence d'avec le *privilegium inter personales actiones*, lequel, nous le savons, ne passe pas aux héritiers de la femme.

____

(1) M. Demangeat, du fonds dotal, page 201.
(2) Dig. *de fundo dotali*, l. 3 § 1.

Plaçons-nous maintenant dans une hypothèse où l'aliénation est susceptible d'être frappée de nullité, le mari peut-il revendiquer contre le tiers qui a reçu tradition, et le peut-il durant le mariage.

Cette question embarrasse beaucoup les Romanistes.

Trois systèmes ont été proposés.

1° L'aliénation est valable vis à vis du mari, nulle seulement à l'égard de la femme. Donc, le mari ne peut jamais revendiquer l'immeuble dotal. La femme seule à ce droit qui survit avec l'action en restitution de la dot (1).

2° La femme seule peut revendiquer l'immeuble dotal, et elle a la faculté de la faire même au cours du mariage (2).

3° Le droit de revendication n'appartient qu'au mari pendant le mariage. La femme n'a ce droit qu'au jour où elle peut exercer l'action *rei uxoriæ*, et après que le mari lui a retransféré la propriété du fonds dotal, ou cédé l'action en revendication. Du reste, s'il refuse la cession, la femme est autorisée à revendiquer, comme si elle eût été réellement faite. (3)

La logique commande ce dernier système En effet, qui est propriétaire de l'immeuble ? le mari. — L'aliénation au profit d'un tiers a-t-elle eu lieu ? non, puisqu'elle est impossible. Donc, le mari est resté pro-

---

(1) M. Wesenbec (Emprunt à M. Demangeat, du fond dotal, p. 378 à 388)
(2) M. Bachofen (M. Demang, ibid).
(3) M. Demangeat ibid,

priétaire unique. — Seul donc, il peut revendiquer au cours du mariage. On objecte que l'inaliénabilité du fonds dotal se lie à l'existence de l'action *rei uxoriæ*. Donc, à celui auquel elle appartient, non à celui qui la la subit d'invoquer l'inaliénabilité. La réponse est que l'inaliénabilité se lie en effet à l'action *rei uxoriæ*, mais en ce que le mari ne pouvant aliéner reste propriétaire de l'immeuble et que la femme à la dissolution, le trouvera prêt à rentrer dans son patrimoine.

Du reste, la loi 17 *de fundo dotali* suppose, *a contrario*, le droit de revendication du mari.

Quant à la loi 77 § 5 *de legatis*, 2°, invoquée contre notre système, elle est en sa faveur : car les mots *mulier venditionem irritam fecit* sont là preuve que si la femme agit, c'est en vertu d'un droit qui est né non point en sa personne, mais en celle de son mari.

J'ai dit plus haut que au cours même du mariage, le mari a droit de revendiquer l'immeuble dotal aliéné — Mais l'aliénation peut être validée par les événements ultérieurs : ainsi personne n'ayant stipulé la restitution de la dot adventice, la femme meurt avant le mari. Le mari est rentré en possession de l'immeuble dotal. L'acheteur ne pourra-t-il demander d'y être réintégré ?

Je le pense, car la vente dans ces circonstances a été valable ; l'acheteur a l'action *empti* pour faire exécuter en sa faveur toute vente valable. La loi Julia a accordé au mari un avantage ; c'est de pouvoir revendiquer la chose vendue et d'en conserver la possession. Du jour où il devient certain que la dot n'est pas restituable, le mari perd tout droit à cette possession provisoire. — Sa situation est la même que celle d'un vendeur non payé et qui a livré la chose : il revendique et rentre en possession. — Mais que l'acheteur paie le prix, et dès ce moment le vendeur devient détenteur illégitime et tenu à livrer de nouveau.

3° IMPRESCRIPTIBILITÉ DU FONDS DOTAL.

Laisser prescrire, c'est aliéner, dit le jurisconsulte Paul (*vix est, ut non videatur alienare, qui patitur usucapi*) (1). Donc le fonds dotal qu'un tiers ne peut acquérir directement n'est pas susceptible d'être acquis par la voie indirecte de l'usucapion; *alienationis verbum etiam usucapionem continet* (2). Il eût été trop facile au mari d'éluder la prohibition de la loi Julia, s'il avait pu, par son inaction, permettre à un détenteur quelconque de l'immeuble dotal, de l'usucaper.

Peu importe que le possesseur de l'immeuble l'ait reçu du mari ou d'un tiers, qu'il soit de bonne ou de mauvaise foi; l'usucapion est impossible dans tous les cas; l'imprescriptibilité commence avant le mariage avec la constitution de dot, comme l'inaliénabilité ; comme celle-ci, elle dure après le mariage jusqu'à la restitution.

Mais remarquons, disposition assez bizarre et qui a

(1) L. 28, Pr. *de verb. signif.*
(1) L. 28. Pr. *de verb. signif.*

passé dans le Code Napoléon, que si l'usucapion a commencé avant le mariage, elle n'est pas suspendue par lui et se continue (1). Cette disposition, dis-je, est assez bizarre, en effet ; à quel moment le tiers possesseur va-t-il acquérir la propriété du fonds dotal ? au cours du mariage, quand l'usucapion s'accomplit. Or, la loi Julia interdit l'aliénation au cours du mariage. Les interprètes du Droit Romain ont donné plusieurs explications de cette solution. M. Bachofen pense que c'est là une de ces aliénations *quæ vetustiorem causam et originem juris habent necessariam* et qui en conséquence ne sont pas interdites par la loi Julia. M. Demangeat rattache notre disposition à cette règle de Droit Romain que l'usucapion n'est pas interrompue par la mauvaise foi du possesseur, ni même par la revendication exercée contre lui. — Du reste, le mari est responsable envers sa femme : c'était à lui de déposséder le tiers et d'empêcher par là l'accomplissement de l'usucapion (2).

Cependant, il ne faudrait pas pousser trop loin cette décision rigoureuse. On appliquera simplement la théorie générale des fautes. Evidemment, nous dit Triphonynus, s'il ne manquait au tiers possesseur que 2 ou 3 jours pour compléter l'usucapion, on ne pourrait imputer au mari d'avoir laissé passer un si court délai sans intenter la revendication (3).

Telles sont les principales règles de la loi Julia. Au

(1) L. 16 *de fundo dotali*. Dig.
(2) Loi 16 *De fundo dotali*. Dig.
(3) Même loi.

privilegium inter personales actiones, elle ajoutait la garantie de l'inaliénabilité. — Elle laissait du reste à la femme le droit de consentir à l'aliénation de l'immeuble dotal, soit directement par vente ou donation, soit même indirectement au moyen de la constitution d'hypothèques.

D'autre part elle lui conservait la capacité de disposer de sa créance dotale au profit du mari ou d'un tiers (1).

Cette double capacité ne dura pas longtemps. La première subit bientôt une grave atteinte dans la prohibition d'hypothéquer le fonds dotal même avec le consentement de la femme.

4° Prohibition d'hypothéquer le fonds dotal même avec le consentement de la femme.

Le sénatus-consulte Velléien défendait à la femme d'intercéder pour autrui, c'est à-dire d'obliger pour sûreté de la dette d'un autre sa personne ou ses biens. C'est là qu'il faut placer, à notre avis, l'origine de la règle qui nous occupe, et d'après laquelle est nul le consentement que la femme pourrait donner à son mari d'hypothéquer le fonds dotal. En général, on fait remonter à la loi Julia la prohibition (2) ; et il faut avouer qu'un certain nombre de textes sont favorables à cette opinion. Tels sont : 1° La loi 4 dig. *de fundo dotali*, ainsi conçue : *Lex Julia quœ de fundo dotali prospexit*,

____

(1) Loi 26, Cod. *ad senatuscons. Velleia.*
(2) M. Ortolan, explication hist. des Inst. t. I, pag. 395;

ne id marito liceat obligare vel alienare ; 2° *le princi-*
pium du titre VIII, liv. II des institutes de Justinien,
quibus alienare licet vel non, dans lequel cet empereur
nous dit expressément que la loi Julia *in soli tantum-*
modo rebus locum habebat, et hypothecas earum inhibebat
etiam volente ea (muliere).

Il est assez facile de prouver que le premier texte,
qui est de Gaïus, a été interpolé, et que dans le second
Justinien est trop affirmatif.

En effet Gaïus lui-même nous dit Co. 2 § 12 « *dotale*
prœdium maritus invita muliere per legem Juliam pro-
hibetur alienare. Dans ce texte, il est purement question
d'une aliénation. Et de même, dans ce passage des sen-
tences de Paul (1) : *Lege Julia de adulterius cavetur ne*
dotale prodium maritus invitâ uxore alienet.

Du reste, si l'on tient absolument à la loi 4 *de fundo*
dotali, il y a une réponse bien simple. Dans ce texte
l'aliénation et l'hypothèque du fonds dotal sont mises
sur le même rang. Or, dans tous les cas l'hypothèque
serait permise, comme l'aliénation ; du consentement de
la femme.

Quant au texte de Justinien, il faut s'en défier —
Déjà cet empereur vient de faire une grosse erreur en
disant que la loi Julia ne défendait l'aliénation du fonds
provincial constitué en dot : Or, Gaïus II, § 63, nous
informe que de son temps encore la question était controversée. Justinien qui commet une erreur historique

(1) L. II, t XXI, B § 2.

dans la première phrase du *principium* de ce titre, peut s'être encore trompé dans la seconde.

Du reste, et cet argument est décisif, l'hypothèque était encore inconnue au temps de la loi Julia ; le contrat de *fiducie* avait toute vogue, et c'est à peine si l'on peut soutenir que le *pignus*, transition entre le contrat de fiducie et l'hypothèque fût déjà en usage (1).

Mais comment le concours de la femme à la constitution d'hypothèque sur le fonds dotal peut-il être une *intercessio* ? Le voici : supposons qu'elle hypothèque son paraphernal pour sûreté de la dette du mari ; c'est là une *intercessio*. — Mais le fonds dotal doit un jour rentrer dans le patrimoine de la femme. La prohibition de l'hypothèque adressée au mari seul est une garantie qui se trouve dans le patrimoine de la femme ; elle engage et expose cette garantie lorsqu'elle consent à l'hypothèque du fonds dotal ; donc, elle fait une *intercessio*.

La conséquence de ce que notre règle découle du sénatusconsulte Velléien, c'est que, si l'hypothèque constituée au profit d'un tiers doit garantir une dette propre de la femme, elle est valable. Elle l'est encore, si la femme a cherché à tromper le tiers au profit duquel l'hypothèque a été établie : *nam deceptis non decipientibus opitulatur*.

La défense adressée à la femme de concourir à l'hypothèque du fonds dotal était une incapacité frappant une personne naturellement capable : innovation malheu-

(1) G. II. § 59, 60, 220.

reuse comme toutes les innovations de ce caractère ! mais elle eut cette conséquence de garantir mieux encore la restitution de la dot, et par contre coup de marquer une étape de plus dans la voie de l'indépendance de la femme mariée.

5° Prohibition des donations entre époux

Cette prohibition est véritablement un élément du régime dotal. En vain la loi eut déclaré le fonds dotal inaliénable et non susceptible d'hypothèque ; si les donations entre époux avaient été permises, la femme aurait pu céder sa créance en restitution de dot au mari, et toutes les garanties qui entouraient l'action *rei uxoriæ* devenaient inutiles.

Donc, cette nullité de la donation entre époux est une certitude que l'action *rei uxoriæ* existera contre le mari jusqu'à la dissolution du mariage, si la femme n'en fait abandon à un tiers. — Elle est de plus une certitude que la femme ne se dépouillera pas de ses paraphernaux au profit de son mari, c'est là une nouvelle incapacité qui ajoute à l'indépendance de la femme.

Remarquons que le droit romain n'a affranchi la femme qu'à force de restrictions apportées à la liberté des époux de disposer de leurs biens.

Du reste, la rigueur de la prohibition s'adouci. Il arrivait qu'un époux confirmait par testament la donation qu'il avait faite à son conjoint. Sur la proposition d'Antonin Caracalla, il fut statué que les donations seraient confirmées par le décès du donateur arrivé pendant le mariage, sans que ce même donateur se fût repenti. La donation ainsi faite n'était pas valable *ab initio*, mais le décès de l'époux donateur la ratifiait retroactivement (1).

Ce fut le dernier état du droit romain sur les donations *inter virum et uxorem*.

6° Usage de la donation ante nuptias.

Faite par le futur mari à sa fiancée, elle atteste l'égalité des époux dans le mariage, vers laquelle marche la législation. De même que la femme, depuis des siècles apportait au mari sa dot pour supporter les charges du mariage, de même le mari, à partir du 2me siècle de l'ère chrétienne apporta la donation anténuptiale qui, elle aussi, était spécialement affectée à cet usage. Du même que le fonds dotal ne pouvait être engagé envers les créanciers, de même les choses composant la donation anténuptiale et restées entre les mains du mari, se trouvaient à l'abri de leurs poursuites; s'il tombait en déconfiture, la femme avait une action personnelle et hypothécaire pour se les faire livrer, et même une action réelle pour revendiquer celles qui avaient été frauduleusement aliénées, et elle en jouissait pendant le mariage (2).

La dot est restituable à la dissolution du mariage; le

(1) Loi 32. Dig. *de donat. int, vir et ux.* — Loi 1 et 23 Cod. *de donat int. vir. et ux.*

(2) L. 29. Cod. *de jure dotium.*

mari reprend aussi tous ses droits sur les objets de la donation anténuptiale.

Dans certains cas, la femme encourait comme punition la perte de sa dot, le mari,dans les mêmes cas, encourait la perte de la donation.

Le mari gagne la dot quand le mariage se dissout par la mort de la femme ; la femme gagne la donation antenuptiale, quand le mariage se dissout par la mort du mari.

Une constitution des empereurs Léon et Anthémius, dans les gains de survie avait établi l'égalité proportionnelle (1). Une novelle de Justinien établit l'égalité numérique, la même somme pour celui qui survivait.

7° DÉFENSE DE RESTITUER LA DOT AVANT LA DISSOLUTION DU MARIAGE (2).

Et d'abord il est bien certain que la femme n'a pas le droit de réclamer sa dot avant le divorce ou la mort de son mari. La dot, en effet, est donnée pour toute la durée du mariage : *dotis causa perpetua est, et cum voto ejus qui dat, ita contrahitur, ut semper apud mari-*

(1) L, 9, Cod. *de pact. convent. tam super dote quam. etc.*

(2) Loi 73 Dig. 31, *de jure dotium,* et loi 20 Dig. *solut. matrim.*

tum sit (1). Sans doute il n'est propriétaire qu'à charge
de restituer. mais il doit supporter les charges du mariage, et la dot, aux fruits de laquelle il a droit, l'aidera
à les supporter. *Ibi dos esse debet ubi onera matrimonii
sunt. — Dotis fructus ad maritum pertinere debere æqui-
tas suggerit : cum enim ipse onera matrimonii sustineat,
æquum est eum etiam fructus percipere* (2).

Mais bien plus, à supposer que le mari d'accord avec
sa femme consentît à lui restituer la dot, la restitution
serait nulle et non avenue Il ne serait pas libéré envers
elle, et le jour du divorce ou de son décès, il serait tenu,
lui ou ses heritiers, de faire une seconde restitu ion.

Le premier point n'est pas contesté. En effet la dot,
nous venons de le voir par les textes ci-dessus, a une
destination spéciale, et cette destination ne peut être
changée au gré des époux. — Et de là, il résulte que
non seulement le capital de la dot, mais aussi les fruits
et intérêts peuvent être répétés par le mari, soit
pendant le mariage, soit même après sa dissolution,
si la dot ne doit pas revenir à la femme ou à ses
enfants. La raison commanderait cette sol tion. M is
des textes nous l'indiquent, tant pour la répétition au
cours du mariage que pour la répétition après le mariage. Ainsi pour ce dernier cas, la constitution des
empereurs Honorius et Théodose *si dos constante matrimonio soluta fuerit,* s'exprime ainsi : *si constante matrimonio a marito uxori dos sine causâ legitimâ refusa*

<hr>

(1) Loi 1, *de jure dotium.*
(2) Loi 7, *princip.* et 56 § 1 *de jure dotium.*

est... eadem uxore defuncta, ab ejus heredibus cum fruc-
tibus ex die refusæ dotis marito restituatur (1). La loi
20 *de jure dotium* donne la même solution en ce qui
concerne la répétition au cours du mariage.

Quant à notre seconde proposition, elle est l'objet
d'une controverse très vive entre les interprètes.

Pour résoudre la question, il importe avant tout de
savoir pour quel motif la dot ne peut être restituée au
cours du mariage : *non reddi potest — non recte solvit —*
marito permissum non est — non licet, disent les textes.
MM. Hasse et Gluck pensent que cette règle repose sur
la prohibition des donations entre époux. Ils invoquent
à l'appui de leur thèse un certain nombre de textes dans
lesquels, en effet, ce motif est mis en avant : ainsi la loi
déjà citée, *si dos constante matrimonio,* où nous trouvons les expressions suivantes : *quia donationis instar*
perspicitur obtinere.

Cependant ce motif est par lui-même tout à fait insuffisant. En effet, nous venons de voir qu'en cas de restitution anticipée, le mari peut réclamer à la femme pendant le mariage, aux héritiers de la femme après la dissolution, non-seulement le capital dotal, mais aussi les
fruits et intérêts. Or les fruits et intérêts peuvent être
donnés par l'un des époux à l'autre : car la prohibition
des donations tend à conserver à chaque époux son patrimoine en substance et non les revenus qui sont destinés à être dépensés (2).

(1) Loi un. Cod. liv. V, tit. XIX.
(2) L. 15. § I; loi 17 *de donat. inter vir. et uxorem.*

Donc la défense de la restitution de la dot pendant le mariage est plus large que celle des donations entre époux. Donc elles ne reposent pas sur le même fondement.

Certaines expressions d'un texte nous mettent sur la voie. Ulpien dit que dans certains cas, la restitution a été permise par des lois : *in quibus hoc ei facere legibus permissum est*. Or le mot *leges* désigne très-souvent, à cause de leur célébrité, les lois Julia et Pappia Poppæa portées pour favoriser le mariage. Elles créent des déchéances contre les célibataires et les hommes mariés sans enfants. Notre règle a le même but, favoriser le mariage en permettant à la femme de recouvrer sa dot intacte le jour de la dissolution du mariage. Elle est d'ordre public, comme l'inaliénabilité du fonds dotal et le *privilegium inter personales actiones* ; la restitution est donc nulle et la femme peut la demander de nouveau.

Il en sera autrement de la dot réceptice, qui peut être valablement restituée au cours du mariage à celui qui l'a constituée.

D'autre part, toutes les fois que la restitution n'élude pas le but de la loi, elle n'est pas frappée de nullité ; ainsi quand la dot est rendue à la femme pour payer ses dettes (*ut æs alienum solvat*) pour subvenir à son entretien et à celui de la famille, (*ut se suos que a'at*), en l'absence du mari que la guerre, la politique, le commerce ont appelé dehors ; pour acheter un fonds *idoneum*, offrant un placement sûr; pour soutenir un parent exilé ou relégué dans une île.

Ainsi assurer à tout prix le recouvrement de la dot voilà encore le but de la règle que nous venons d'étudier ; et c'est de plus une double incapacité : pour le mari, de se libérer d'une obligation, pour la femme, de recevoir un paiement Si le mari restitue la dot pendant le mariage, il est exposé, après la dissolution, à restituer de nouveau.

Tel fut le régime dotal pendant plus de six siècles, depuis son origine jusqu'à Justinien; j'en ai signalé les traits caractéristiques qui peuvent se résumer en un mot : indépendance de la femme vis à-vis *du* mari par l'existence d'une créance dont le paiement est à peu près certain; mais création d'incapacités qui atteignent le mari et la femme et mettent hors du commerce les immeubles dotaux, c'est-à-dire la moitié du sol de l'Italie.

Justinien alla encore plus loin dans cette voie. Dans l'espace de quelques années, il entoura l'action dotale d'un cortége de garanties telles qu'il devint mathématiquement impossible à la femme de ne point recouvrer sa dot au jour du décès de son mari ou du divorce.

A ce titre et pour d'autres raisons, on ne saurait lui refuser le nom d'*uxorius* que l'histoire lui a donné.

Avant les innovations de Justinien :

1° Les meubles dotaux, aliénables par le mari seul, échappaient en cas d'aliénation au *privilegium* de la femme.

2° Les immeubles dotaux, aliénés *ex causâ necessariâ* échappaient à toute action de la femme.

3° Les immeubles dotaux pouvaient être aliénés avec

le concours de la femme, et la garantie d'inaliénabilité n'existait pas pour les femmes apportant en dot des fonds non situés en Italie, qui composaient l'immense majorité.

4° Les biens du mari extra-dotaux étaient aliénables sans restriction.

5° Tous les biens dotaux ou extra-dotaux pouvaient être grevés d'hypothèques légales; celles d'un pupille dont le mari aurait eu la tutelle ou d'un mineur de 25 ans dont il aurait eu la curatelle (1).

Par une série de constitutions, Justinien mit fin à ce restant de capacité maritale.

1° — Hypothèque privilégiée sur les choses dotales et

droit de revendication.

1° *Hypothèque privilégiée.* — Jusqu'en 529 , la femme avait sur les biens du mari, dotaux et autres, un Privilegium, c'est-à-dire, nous l'avons déjà dit et répété plusieurs fois, un droit de préférence sur les créanciers chirographaires.

Cette année là, Justinien va plus loin; il distingue les biens dotaux apportés par la femme ou pour la femme au mari des autres biens de ce dernier. Il maintient le privilegium sur les biens extra-dotaux; mais sur la dot, confère à l'épouse une hypothèque privilégiée grâce à laquelle elle primera les créanciers hypothécaires du mari, même antérieurs au mariage (2); ce qui est pos-

(1) Constantin, L. 20, Code *de administratione. tut.*

(2) Loi 30. C. *De jure dotum.*

sible, s'ils avaient reçu, avant l'apport de la dot, hypothèque sur les biens à venir du mari.

Quels sont les avantages de ce te hypothèque privilégiée?

En ce qui concerne les meubles :

1° Le mari venant à les aliéner, la femme pourra, quand elle intentera l'action *de dote*, exercer le droit de suite contre les tiers acquéreurs ; tout créancier hypothécaire a le droit de suite ; à plus forte. raison s'il est créancier privilégié. Le meuble dotal ne passera donc dans le patrimoine de l'acquéreur, que *salvo jure mulieris*. Bien entendu la femme peut concourir à la vente des objets mobiliers et par là même se rendre non recevable à inquiéter l'acheteur ou ses ayant cause.

Notre loi 30, *de jure dotium*, semble au premier abord refuser à la femme le droit de suite contre les tiers acquéreurs : *si tamen exstant,* dit-elle, en parlant des biens dotaux ; d'où pourrait-on dire, s'ils ne sont plus propriété du mari qui les a aliénés, la femme perd son hypothèque privilégiée. Cette interprétation est inexacte : *Si tamen exstant,* cela s'applique aux choses dotales dont il vient d'être question dans la loi (*seu se moventibus*) aux esclaves et animaux. S'ils ont péri par la faute ou sans la faute du mari, il est bien évident que la femme ne peut avoir sur eux d'hypothèque privilégiée.

2° Le mari a reçu en dot un droit de créance contre un tiers ; ce droit est grevé de l'hypothèque privilégiée :

C'est un *pignus nominis*; et même il faud'rait aller jusqu'à dire. suivant M. Demangeat (1), que le mari n'a pu, sans le consenti ment de sa femme, faire *acceptilatio* au débiteur. Bien entendu, celui-ci pourra payer au cours du mariage; et si l'objet du payement est un corps certain, il est grévé de l'hypothèque privilégiée.

S'il s'agit d'une somme d'argent, la femme, à la différence d'un créancier gagiste ordinaire, ne pourra se payer dès à présent; car elle n'a pas qualité pour recevoir sa dot *constante matrimonio*.

En ce qui concerne les immeubles, déjà depuis la loi Julia, ils étaient inaliénables ; le consentement de la femme seule pouvait les rendre susceptibles d'aliénation. Notre constitution ne modifie en rien la loi sur ce point. Sans doute elle confère à la femme une hypothèque privilégiée sur ces immeubles. Mais du jour où la femme consent à l'aliénation, elle renonce a son droit de suite contre l'acquéreur. D'un autre côté, ils étaient, de la manière la plus absolue, non susceptibles d'hypothèques; donc l'immeuble n'en aura pas été grévè au cours au mariage. Quelle est donc l'utilité de l'hypothèque privilégiée?

Elle est double :

1° Si le mari ne peut grever d'hypothèque volontaire l'immeuble dotal, la loi le grève d'hypothèques nécessaires; par exemple, celles du pupille, celle du mineur de 25 ans. Jusqu'à Justinien, le pupille, le mineur de

(1) Du fonds dotal, page 92.

25 ans primaient la femme, à partir de la constitution de 529, c'est la femme qui les prima.

2° L'aliénation volontaire de l'immeuble dotal est nulle; l'aliénation nécessaire est valable. La femme en vertu de son hypothèque, exercera contre les acquéreurs le droit de suite.

2° *Droit de revendication des choses dotales.*

Ce droit est accordé à la femme par nôtre loi 30 , *de jure dotium,* dans les termes suivants : « *Volumus eam in rem actionem in hujus modi (scilicet dotalibus) rebus, quasi propriis habere et hypothecariam omnibus anteriorem possidere ; ut sive ex naturali jure ejusdem mulieris res esse intelligantur, sive secundum legum subtilitatem ad mariti substantiam pervenisse videantur, per utramque viam, sive in rem, sive hypothecariam, ei plenissime consulatur.*

L'intention de Justinien se révèle dans les derniers mots : ce qu'il recherche avant tout, c'est une pleine garantie pour la femme : et quelle que soit la manière dont on envisage la dot, qu'on la considère comme propriété du mari, ce qui n'est vrai , selon Justinien , que dans un droit civil subtil, ou propriété de la femme, ce qui est vrai en droit naturel, elle aura outre une hypothèque privilégiée, un droit de revendication.

En logique pure, les deux qualités de créancier hypothécaire privilégié d'un bien et de propriétaire du même bien se contredisent. L'action hypothécaire est dirigée sur le bien d'autrni et la revendication sur son bien propre. Justinien tourne la difficulté par le raisonnement suivant : *Par legum subtilitatem,* au mari appartient la dot. Donc l'hypothèque privilégiée de la femme est possible. *Ex naturali jure,* la femme n'a cessé d'être propriétaire de la dot ; donc la revendication elle aussi est possible. Nous avons vu plus haut la portée de notre constitution en tant qu'elle a trait à l'hypothèque privilégiée. Quelle est sa portée en tant qu'elle a trait à la revendication ?

Et d'abord, remarquons que, dans le texte, l'action en revendication apparaît en seconde ligne.

Quant aux meubles non estimés (d'après la constitution, il faut dire même estimés,) s'ils existent en nature dans le patrimoine du mari lors de la dissolution du mariage, la femme a pouvoir de les revendiquer et de les recouvrer ainsi *in specie,* avantage que ne lui eût pas conféré l'hypothèque privilégiée. Mais si déjà le mari les avait vendus, la femme n'aurait pas droit de revendication. Elle pourrait seulement exercer l'hypothèque privilégiée à la condition de n'avoir pas consenti à l'aliénation.

Quant aux immeubles, la solution est la même. Ceux qui existent en nature lors de la dissolution du mariage sont susceptibles de revendication. Ceux vendus avec le consentement de la femme, sont irrévocablement la propriété du tiers-acquéreur. Ceux aliénés *ex causâ nécessariâ,* pourront être l'objet de l'action hypothécaire privilégiée.

Que décider à l'égard des choses mobilières ou immobilières livrées au mari *dotis causâ* et avec estimation, si elles se retrouvent en nature dans le patrimoine du mari lors de la dissolution du mariage? Certainement à ne consulter que notre constitution, la femme aurait droit de revendication. Il y est question d'un bout à l'autre des choses dotales, mobilières ou immobiliêres, animées ou inanimées, avec ou sans estimation.

Mais rationellement la solution contraire doit prévaloir. En effet, quel est ici l'objet de la créance dotale? Ce n'est point la chose estimée, mais son estimation : la chose vint elle périr, la créance subsiste. Or, fait remarquer très judicieusement M. Demangeat (1), ne serait-il pas bizarre qu'une personne à qui l'on offre l'objet de son droit put exiger autre chose.

3° *Hypothèque générale sur les biens du mari, et par la même constitution, défense d'aliéner l'immeuble dotal même avec le consentement de la femme* (2).

La constitution de 529 que nous venons d'étudier avait trait uniquement aux biens dotaux. Supposons qu'ils viennent à périr ou à se détériorer, la femme recourra sur les autres biens du mari. Mais sur cette portion du patrimoine, elle n'a qu'un *privilegium* primé par tout créancier hypothécaire, soit légal (pupille, mineur de 25 ans) soit conventionnel du mari.

En 530, Justinien veut accorder à la femme le même

____

(1) Page 99. De la condition du fonds dotal en Droit Romain.

(2) *De rei uxorie act.* Loi unique § 1 et 15.

bénéfice déjà accordé depuis longtemps à divers créanciers et lui donne dens le § 1° de la loi unique au Code, *de rei uxoriæ actione* une hypothèque tacite. C'est toujours le même sentiment qui l'anime : *ut plenius dotibus subveniatur.*

Mais chose digne de remarque, si l'Empereur entoure d'une hypothèque légale, l'action en restitution de dot, il accorde le même avantage à l'action du mari qui veut obtenir la prestation de la dot ; il lui attribue une hypothèque légale sur les biens de la femme (ou de ceux qui ont constitué la dot.) *Damus ex utroque latere hypothecam, sive ex parte mariti pro restitutione dotis, sive ex parte mulieris pro ipsa dote præsitanda, vel rebut dotalibus evictis.* La réciprocité de cette hypothèque a, sans doute, pour but la sanction d'obligations ayant trait à la dot et au mariage, qui méritent toute faveur, et par conséquent doivent être exécutées, mais aussi une tendance à l'égalité dans le mariage.

*4° Défense d'hypothéquer l'immeuble dotal, même
du consentement de la femme.*

Justinien trouve la femme en danger de perdre sa dot, si la loi Julia qui permet l'aliénation du fonds dotal, *consentiente muliere*, est maintenue. Il craint que *fragilitate naturæ suæ in repentinam dedicatur inopiniam* (1). En conséquence, il rend la décision suivante : A l'avenir l'aliénation du fonds dotal sera mise sur le même rang que l'hypothèque ; c'est-à-dire, le concours

____

(1) § 15 *Code de rei uxoris actione.*

de la femme ne validera pas l'aliénation. Du reste, Justinien n'abroge pas la constitution rendue par Anastase, vingt ans auparavant. La femme continuera de pouvoir renoncer aux hypothèques à elle appartenant, sur les biens du mari, et même sur les biens dotaux estimés, qui sont aux risques et périls du mari.

Mais sur le fonds dotal proprement dit, c'est-à-dire sur l'immeuble transféré en propriété et non estimé, le droit de la femme restera entier : *maneat jus intactum, ex lege Julia imperfectum.* Dans cette constitution, il me semble que Justinien donne deux solutions :

La première, c'est que le fonds dotal sera inaliénable à l'avenir d'une manière absolue.

La deuxième, c'est que la femme ne pourra renoncer à l'hypothèque priviliégiée que lui attribue sur ce même fonds la constitution de 529. La dernière phrase de notre § 15 me semble conduire à cette solution.

Mais quant à l'hypothèque privilégiée sur les meubles dotaux et à l'hypothèque générale sur les biens du mari extra dotaux, la femme continuera à pouvoir y renoncer. Justinien s'exprime à cet égard de la façon la plus formelle.

Ajoutons un dernier mot : Depuis longtemps l'Italie n'était plus qu'une parcelle dans l'empire romain : Or, les fonds italiques se trouvaient seuls atteints par la loi Julia. C'était une grande lacune. Justinien le comble dans notre loi. Désormais tous les fonds apportés en dot, Italiques ou non, seront inaliénables et cela même avec le consentement de la femme. Dès ce jour, tout le monde romain était enveloppé dans le régime dotal.

5° Hypothèque privilégiée sur tous les biens du mari.

Justinien s'exprime ainsi : *Sancimus ex stipulatu actionem. quam mulieribus jam pro dote instituenda dedimus cuique etiam tacitam dedimus hypothecam, potiora jura contra omnes habere mariti credttres, licet anterioris sint temporis privilegio vallati* (1) Lorsqu'en 531, Justinien rendit cette constitution, la femme, créancière hypothécaire privilégiée sur les choses dotales, était déjà hypothécaire simple sur le reste du patrimoine de son mari.

C'étaient là, ce me semble, des garanties suffisantes. Pour Justinien, ce ne fut pas assez Il ne craignit pas de ruiner d'un seul coup tout le crédit, non seulement du mari, mais même des célibataires pouvant se marier, et il décide que la femme passera, sur les biens du mari, sans distinction, avant tous créanciers même hypothécaires et antérieurs au mariage : *licet anterioris sint temporis privilegio vallati.*

C'était une faveur exorbitante, contraire à la justice, puisqu'elle ruinait des créanciers de bonne foi qui avaient pris leurs sûretés; désastreuse pour les transactions, qui devinrent pour ainsi dire impossibles avec les maris ou avec les jeunes gens en âge de le devenir.

Du reste, Justinien ne prive pas la femme du droit de renoncer à l'hypothèque privilégiée qu'il lui con-

(1) Loi 12 *qui potiores in pignore.*

fère. C'est une atténuation des effets de la constitution. La défense de renoncer n'existera, comme auparavant, que pour ce qui concerne les biens dotaux. Quant aux autres, la constitution d'Anastase continuera à avoir force de loi.

La loi 12 au Code, *qui potiores in pignore*, contient un exposé de motifs et pour montrer que cet empereur ne méconnaissait pas les mérites du beau sexe, je citerai un passage de cette loi, bien qu'il ait peu d'intérêt pour le jurisconsulte : « Qui n'aurait pas de compassion pour elles, quand on songe aux bons soins qu'elles ont pour leurs maris, aux dangers de l'enfantement, à la procréation des enfants...... ? »

C'est une habitude chez les législateurs qui n'ont pas de bonnes raisons pour motiver une loi de se p yer de phrases.

En réalité, l'innovation de Justinien a son origine, d'après M. Demangeat (1) dans des intrigues de palais. Cette idée se confirme par la lecture du principium de notre loi 12 Il parle des démarches nombreuses et répétées des femmes qui le sollicita ent de leurs condoléances et se plaignaient de la perte de leur dot.

6° *Authentique si qua mulier.*

Justinien, sans abroger le velléien, permit aux femmes de l'éluder quand l'intercession avait lieu dans l'intérêt d'un autre que le mari. Il commence par déclarer l'intercession valable quand elle a pour mobile une juste

(1) M. Demangeat ; *Cours élément. de Droit romain,* II, p. 585.

cause, le désir d'affranchir un esclave ou de favoriser un mariage (1) ; lorsque la femme déclare avoir reçu quelque chose pour prix de son intercession, et cette déclaration doit être tenue pour vraie quelque invraisemblable qu'elle puisse être (2) ; même, suivant un auteur (3), toutes les fois qu'elle a lieu par acte public.

Enfin la femme peut, au bout de deux ans (4), ratifier son intercession et confirmer ainsi après coup l'engagement qu'elle a pris pour un tiers.

Mais si maintenant nous considérons la femme vis-à-vis de son mari, nous trouvons un nouveau signe de défiance pour ce dernier. Par l'authentique *si qua mulier* (5), Justinien déclare nulle et non avenue toute intercession faite par la femme au profit du mari. « *Ita esse ac si neque factum quidquam, neque scriptum esset.* » Une seule exception existe à la règle et encore elle est plus apparente que réelle ; c'est dans le cas où il serait prouvé manifestement que l'argent a été employé à l'intérêt exclusif de la femme « *nisi manifeste probetur quod pecuniæ in propriam ipsius mulieris utilitatem expensæ sint.* »

Justinien ne recule devant aucun moyen quand il veut arriver à son but. Il lui faut assurer la restitution de la dot ; craignant une condescendance de la femme pour

(1) L. 24. 25, *Ad Sc. Vell.* (Cod.)
(2) L. 23, *Ad. Sc. Vell.* (Cod.)
(3) M. Gide, page 213.
(4) L. 22, *Ad. Sc. Vell.* (Cod.)
(5) Cod. *Sub lege 22, ad Sc. Vell.*

le mari, il imagine une remède préventif bien simple, et crée une nouvelle incapacité.

Je m'arrête ici dans l'etude sommaire que je voulais faire du régime dotal. Elle suffit, je l'espère, pour montrer la position nouvelle qu'il donna à la femme mariée dans la société romaine. La condition de l'épouse fut, en droit, meilleure que sous la république ; mais, à mon sens, ce régime nouveau qui, dans un but unique, la restitution de la dot, entassait incapacités sur incapacités, n'est peut-être pas digne de la conception d'un grand législateur. Cependant telle est la puissance d'une institution enracinée dans le sol, qu'elle résista au choc de l'invasion barbare et eut des ramifications dans plusieurs contrées de l'Europe. En quelques mots, voyons quelle fut sa destinée dans notre pays.

Destinées du régime dotal en France.

Il passa dans les pays de droit écrit, et y différa peu de ce qu'il était chez les Romains.

Paraphernaux.

Le droit de les administrer appartient à la femme dans tous les pays de droit écrit, excepté dans le ressort du parlement de Bordeaux et dans la province de la Marche.

La jouissance lui appartient également.

Il en est de même du droit de disposer, qui réside plein et entier sur sa tête, et cela, sans aucune autorisation du mari.

« La femme, dit Catellan en ce qui concerne le parlement de Toulouse, est maîtresse de ses paraphernaux; elle est, dans le commerce et l'économie de ses biens, indépendante de l'autorité de son mari; elle peut donc les vendre sans sa participation (1).

Pour le parlement de Bordeaux, La Peyrère dit que la femme peut en droit civil « donner ses biens paraphernaux sans l'autorité de son mari, et qu'il en a été ainsi jugé par arrêt du 27 juin 1662, dans une affaire de Limoges » (2).

A Aix, semblable jurisprudence : un arrêt du Parle-

(1) Catellan, livre V, ch. 68.
(2) La Peyrère, lettre D, 4° 122.

ment, en date du 27 mars 1645, confirme la donation faite par une femme de ses paraphernaux, en l'absence et par conséquent sans le concours de son mari (1).

Le parlement d'Aix jugeait de même (2).

Les coutumes d'Auvergne et de la Marche, les deux seules qui, dans le ressort du parlement de Paris, reconnussent l'usage des paraphernaux, se sont aussi conformées à cet égard à la loi romaine « La femme, dit la coutume d'Auvergne (3) est sous puissance du mari, excepté quant aux biens adventifs ou paraphernaux, desquels elle est réputée mère de famille et dame de ses droits. » « Elle peut (4), constant son mariage, disposer à son plaisir et volonté, sans le consentement de son mari, par quelque contrat que ce soit, de ses biens paraphernaux, au profit de ses enfants et autres personnes quelconques. »

Quant à la coutume de la Marche « La femme peut disposer de ses biens paraphernaux ou adventifs, par titre onéreux durant son mariage, sans l'autorité de son mari, — mais à titre lucratif, elle n'en peut disposer entre-vifs à personne quelconque sinon en faveur du mariage ou par donation mutuelle à son dit mari. »

Dans le Lyonnais, la femme n'a pas besoin non plus de l'autorisation de son mari pour disposer de ses paraphernaux (5).

(1) Boniface, t. I, liv, 7, tit 3, ch. 3.
(2) Arrêt du 1er juillet 1677.
(3) Ch. XIV, art. 1.
(4) Ch. XIV, art. 9.
(5) Arrêt du parlement de Paris, du 23 fév. 1709.

Le droit le plus absolu existe donc au profit de la femme mariée sur ses paraphernaux.

Cependant l'autorisation maritale est nécessaire pour leur aliénation dans quelques pays exceptionnels ceux de Bresse, de Bugey, Gex, Valromey (1). Il en est de même dans le ressort du parlement de Pau : c'est du moins ce qu'un professeur de droit de cette ville aurait attesté à Merlin (2).

La Normandie connaissait aussi le régime dotal et même sa coutume prohibait la communauté. Mais dans cette province, le mot paraphernaux désigne tout autre chose que dans les pays de droit écrit. C'est le peu de meubles que la femme a le droit de réclamer lorsque le mauvais état de la succession de son mari l'oblige d'y renoncer « meubles servant à l'usage de la femme, lits, robes, linges et autres de pareille nature, desquels le juge fera honnête distribution à la veuve en essence ; eu égard à la qualité d'elle et de son mari, appelés néanmoins l'héritier et les créanciers pourvu que les dits biens n'excèdent la moitié du tiers des meubles, et néanmoins où le meuble serait si petit, elle aura son lit, sa robe et son coffre » (3).

DOTAUX.

Les caractères généraux du régime romain se maintiennent ; cependant il subit quelques modifications favorables à la femme.

(1) Revel, page 289.
(2) Merlin, v° paraphernaux.
(3) Cout. de Normandie, art. 394 et 395.

L'obligation de doter persiste (1) à la condition que le mariage soit honnête : ainsi, elle cesse si la jeune fille s'est laissé suborner. Le *privilegium inter personales actiones* ne dut jamais exister en France ; en effet, les pays de droit écrit adoptèrent le régime dotal de Justinien ; or l'hypothèque générale tacite et l'hypothèque privilégiée avaient rendu ce privilège inutile.

Le fonds dotal, sauf dans quelques cas exceptionnels reste inaliénable.

Le mari est le propriétaire des choses dotales *quæ primo usu consumuntur* et des corps certains qui ne se consomment point par l'usage ; mais sur les autres biens dotaux , son droit est difficile à définir. Est-il propriétaire ou seulement usufruitier? Les anciens auteurs furent sans doute embarrassés par la constitution de Justinien qui donne au mari la propriété civile et à la femme la propriété naturelle : aussi Merlin (2), résumant les discussions de ses devanciers, dit que la dot est un bien dont la propriété appartient à la femme, et dont le mari n'a que le domaine civil, qui ne consiste que dans la jouissance.

Au profit des enfants et en faveur du mariage, le fonds dotal est aliénable (3), sur ce point, aucune divergence ne s'est élevée entre les parlements ni les jurisconsultes. Mais ils sont en désaccord sur le point de savoir si l'alié-

---

(1) Arrêts du Parlement de Toulouse. des 13 août 1585. et 13 juin 1612; du Parlement de Bordeaux, du 6 avril 1604.

(2) V° dot. page 229.

(3) Merlin. V° dot. page 230.

nation consentie par le mari et la femme est possible au profit de collatéraux (1). Pour nourrir le mari dans l'indigence ; pour racheter le mari ou la femme de captivité ou de prison, l'aliénation est encore permise.

Il en est de même de la constitution d'hypothèque.

Les pays de Droit écrit ont adopté la jurisprudence romaine relativement à la prohibition des donations entre époux (2).

La restitution de la dot est due à la dissolution du mariage et à la séparation de biens.

L'hypothèque tacite établie par Justinien sur tous les biens du mari passa aussi dans nos provinces méridionales. Mais un seul Parlement, celui de Toulouse, consacra l'hypothèque privilégiée. Il en atténua, du reste, les effets ; car il laissa aux créanciers du mari le droit de signifier leur créance à la femme avant le mariage, et sous cette condition, ils n'étaient pas atteints par l'hypothèque privilégiée (3).

(1) Arrêts du Parlement de Toulouse, du 23 fév. 1654, et du 6 fév. 1723
(2) Furgole, sur l'*ordonn. de 1731*, art. 46.
(3) Merlin, v° *Dot*, page 251.

DROIT FRANÇAIS.

De l'Incapacité civile de la femme mariée, quant à la gestion de son patrimoine.

CHAPITRE PREMIER.

ORIGINE DE L'AUTORISATION MARITALE.

L'épouse française n'a pas connu *de manus*; sa personne et son patrimoine n'ont jamais été absorbés par la personne, par le patrimoine du mari. Mais tandis qu'à Rome la femme mariée sortit, pour ainsi dire, du néant juridique pour entrer dans une ère de capacité presque absolue, dans les pays coutumiers de France au contraire, protégée dès l'origine par une puissance tutélaire, le *mundium*, elle ne s'en affranchit jamais complètement; cette autorité, qui frappait d'abord toutes les femmes sans exception, disparut vers le dixième siècle pour les filles et les veuves; elle s'adoucit seulement pour les épouses et se manifesta notamment d'une façon très saisissante dans l'autorisation maritale.

Par quelle influence cette institution surnagea-t-elle dans le naufrage du *mundium*? c'est ce que je vais essayer de rechercher.

I.

La femme dans notre pays, a toujours pu être propriétaire; nul doute sur ce point; les témoignages abondent. (1)

A l'époque Franke, la loi ne lui dénie pas le titre d'héritière; comme l'homme, elle succède aux biens pater-

(1) V. notamment Form. Marculf. I. 12,

nels et maternels, sauf à la terre salique, qui ne lui est
dévolue qu'à défaut d'héritiers mâles (1), elle est dotée par son père; elle est dotée par son époux; ce dernier lui apporte, nous dit Marculf (2), des chevaux,
des troupeaux, des armes et même des champs et des
maisons.

Dans la première période de l'époque féodale, la France
est couverte de fiefs; au fief est attachée l'obligation du
service militaire; la femme ne peut le remplir, aussi est
elle incapable de posséder la propriété féodale. Il est
donc permis de supposer qu'à cette époque la plus grande
partie de la fortune immobilière en France et en Europe
se trouva aux mains des hommes; mais c'était là une
circonstance de fait, tenant au caractère guerrier du
temps et non à une incapacité naturelle et du sexe.

En effet, d'abord la femme ne fut jamais exclue du
droit de posséder les censives. De plus, dès la seconde
moitié du onzième siècle, on la voit devenir *dame de
fief*, c'est-à-dire en être propriétaire avec toutes les prérogatives qui y sont attachées, notamment le droit de juridiction. Même dans quelques provinces, Bourgogne,
Flandre, Artois, le fief put toujours reposer sur la tête
d'une femme. Celle-ci avait un représentant pour faire
le service féodal, et dans le mariage c'était le mari.
Ajoutons par parenthèse que de là naquit le droit, pour
le seigneur, de choisir un époux à sa vassale.

(1) Cap. 3. Chilpéric, Pertz, t. IV, page 10.
(2) Form. Marculf, II, 15.

Si la femme put avoir un patrimoine aux époques franke et féodale, à plus forte raison en fut-il ainsi dans les temps modernes quand tout caractère militaire disparut de la propriété foncière, garantie par la puissance publique.

II.

Chez les peuples Germains le faible est placé sous la protection du fort. Cette protection est dite *mundium* ou *manbour*. Le roi l'exerce sur les antrustious : le chef de bande sur ses compagnons d'armes, le père de famille sur les enfants mineurs, le mari sur la femme. Le *mundium* est considéré comme un devoir, mais aussi comme un droit de la force sur la faiblesse; donc la femme, personne et biens, s'y trouve perpétuellement soumise.

Fille, elle subit le *mundium* de son père; épouse, le *mundium* de son mari; veuve, le *mundium* de ses parents et même des parents du mari. Mais notons, ce pouvoir n'est pas énergique comme *la patria potestas ou la manus*. Il est avant tout tutélaire, et son abus serait un crime. Il ne prive pas l'épouse de la jouissance de ses droits, mais seulement de leur exercice.

L'exercice appartient à ceux auxquels la loi a donné le *mundium*; c'est ainsi qu'elle doit être représentée pour ester en justice, et peut-être même faut-il chercher là l'origine de l'incapacité absolue où elle se trouve encore aujourd'hui de plaider. Dans les actes ordinaires de la

---

(1) Tacite Germ. 13. « Nihil autem, neque publicæ neque privatæ rei agunt, nisi armati. »

vie, elle peut intervenir personnellement, mais avec l'assistance d'un parent ou de son mari, soit même seule pour les actes de minime importance. (1) Le *mundium* conférait donc à celui qui en était investi un droit de surveillance sur les biens de la femme. Ce droit était d'abord domestique : le tuteur le tenait de la loi, et aucun pouvoir étranger ne pouvait l'exclure.

Mais quand la puissance publique se fut fortement établie, sous le règne des premiers Carlovingiens, elle intervint dans la famille, timidement d'abord, avec plus de hardiesse ensuite, et finit par substituer la tutelle royale à la tutelle domestique.

Le roi commença par prendre sous sa protection ceux à qui toute tutelle faisait défaut (2) et, par conséquent, les femmes qui n'avaient ni mari ni parent. Puis il remplaça les tuteurs inhabiles ou infidèles ; le tuteur coupable encourut la destitution, et, quelquefois même, fut puni d'une amende (3). Le *mundium* subit donc le même sort que la tutelle romaine des femmes ; d'abord, prérogative du père, du frère, il devint prérogative de l'État. Nous allons voir que ce fut son déclin.

Il disparut, en effet, dans la période féodale et de la fondation des communes.

Il subsista cependant dans le mariage. A quoi cela tient-il ? La puissance que l'époux exerce sur l'épouse

(1) M. Gide, pages 231 et 232.
(2) Form. Marc. I, 24.
(3) M. Gide, page 389.

alors que le père a perdu son autorité sur la jeune fille majeure est elle, comme on l'a dit, un reste de la tutelle féodale ?

Non ; le tuteur féodal de la femme, c'est d'abord le seigneur ; plus tard c'est le mari qui a reçu l'investiture ; or, l'investiture est donnée seulement pour les fiefs, et l'incapacité de la femme mariée existe aussi pour les censives.

La véritable origine de l'autorisation maritale doit être placée dans la disparition du *mundium* et la formation du régime de communauté.

III.

L'intervention de l'autorité royale, qui déclarait déchus de leurs droits les tuteurs incapables ou frappait de pénalités ceux qui en faisaient abus, était un coup fort rude porté au *mundium*. L'adoucissement des mœurs dans les associations de bourgeois qui devinrent les puissantes communes du moyen-âge le détruisit complètement.

Quelle était l'origine et la raison d'être du *mundium* ? Le règne de la force. A celui qui sait se défendre et tirer l'épée, le devoir de protection et la capacité civile ; à celui que l'âge ou le sexe rend trop débile pour se couvrir du bouclier ou porter la framée, à l'enfant, au vieillard, à la femme, le droit d'être protégé et l'incapacité civile. Or, les bourgeois des communes avaient conquis leur liberté ; une puissance publique, résultat de la volonté de citoyens librement réunis, veille à l'intérêt des faibles. La femme n'a donc plus besoin de tuteur. « Dès qu'elle put se passer d'un champion, elle put se passer d'un tuteur (1). » Et le *mundium* a disparu dans presque toutes les chartes du xii° et du xiii° siècles.

Mais l'affranchissement ne profite pas à la femme mariée ; elle reste soumise à la puissance maritale, et quand aux biens notamment, continue d'être frappée d'incapacité civile.

Comment expliquer cette persistance du *mundium* dans le mariage ?

IV.

« Les bourgeois du xii° siècle, a-t-on dit (2), comprirent, comme l'ont compris les législateurs de tous les temps, qu'il fallait un chef dans le ménage, et comme la seule forme connue d'autorité domestique était alors le *mundium*, on le conserva en en réduisant la durée. Au lieu d'un *mundium* perpétuel, ce fut un *mundium* qui commençait avec le mariage et finissait avec lui. » La nécessité d'un chef dans le ménage, est une affirmation de l'écrivain éminent auquel j'ai emprunté ces lignes. Les législateurs de tous les temps ne l'ont pas comprise ; mieux que personne, M. Gide sait que la femme romaine, sous l'empire, vivait, quand aux biens du moins, l'égale de son mari ; mieux que personne en-

(1) M. Gide, page 408.
(2) M. Gide, page 412.

core, il sait que la femme française n'eut, dans les pays de droit écrit, aucune tutelle à subir de la part de son mari jusqu'à la promulgation du Code Napoléon. L'idée que je combats me paraît d'autant moins fondée que le *mundium*, même sur l'épouse, périt dans un certain nombre de communes du moyen âge, notamment dans les villes du midi de la France; par exemple à Toulouse et à Bordeaux.

V.

La véritable origine de l'autorisation maritale se trouve, je l'ai déjà dit, dans la formation de la communauté.

Je ne veux pas ici en rechercher l'origine.

Peu m'importe qu'elle soit romaine et qu'on la place dans la *manus*, comme ont fait ceux qui veulent à tout prix extraire chaque article de nos lois d'un texte du Digeste ou du code de Justinien; Peu m'importe qu'elle soit celtique, comme le soutiennent des philologues ou des archéologues; Peu n'importe encore qu'elle soit germaine et que l'on voie son premier germe dans le droit de succession de la femme au tiers des biens de collaboration commune, suivant l'opinion généralement admise (1).

Peu n'importe enfin qu'elle se trouve dans ces petites sociétés rurales qu'on voit se former aux 10e, 11e et 12e siècles entre gens de condition servile, vilaine ou rotu-

____

(1) M. Bufnoir, à son cours, année 1866-1867; M. de Valroger à son cours année 1868-1869; M. Laferrière, histoire du droit, t. VI.

rière et qui résultaient d'une communauté d'existence pendant l'an et jour : « compagnie se fait selon notre coutume, dit l'auteur des coutumes de Beauvoisis (1), pour seulement manoir à un pain et à un pot, un an et un jour, puisque les meubles de l'un et de l'autre sont mêlés ensemble, » opinion soutenue par M. Laboulaye (2), et d'autant plus plausible que, dans les coutumes provinciales, la communauté entre époux commençait seulement, comme toutes les autres, après l'an et jour (3).

Ce que je veux constater seulement, c'est l'existence de la communauté dans le temps où le *mundium* disparaît.

Or, elle est attestée par les plus anciens monuments de droit coutumier. Ecoutons Beaumanoir :

« Chacun sait que compagnie se fait par mariage; car sitôt comme mariage est fait, les biens de l'un et de l'autre sont communs par la vertu du mariage ; mais voirs est que tant comme ils vivent ensemble, l'homme est en mainburnissière ; il convient que la femme souffre et obéisse de tout comme il appartiendra à leurs meubles et aux dépouilles de leurs héritages ; tant soit ce que la femme y voie perte tout apertement, si convient-il qu'elle en souffre la volonté de son seigneur. Mais voirs est que le très fond de l'héritage qui est de par la fem-

(1) Beaumanoir, ch. XXI.

(2) Recherches sur la condition civile et politique des femmes.

(3) Ancienne cout. de Bretagne, art 421, 445, 446. Anjou, art. 511.—Maine, art. 508; Perche, 102).

me ne peut le mari vendre si ce n'est de l'octroi et de la volonté de la femme, ni le sien même si elle ne renonce à son douaire, et promet qu'elle rien ne demandera pour son douaire si elle lui survit (1). »

Et nous trouvons dans les établissements de Saint-Louis, les deux passages suivants :

« Gentilfame ne met rien en l'aumosne de son seigneur, et si aura la moitié es muebles, se elle veult, mes elle mettra la moitié es detes, et se elle ne veut rien prendre es muebles elle ne mettra rien es detes et de ce est-il a son chois »(2). Traduction : femme noble n'entre pour rien dans l'acquit des legs pieux de son mari. Elle peut, si elle veut, demander la moitié des meubles mais à la charge de payer la moitié des dettes, si elle ne prend pas la moitié des meub'es, elle ne sera pas tenue d'acquitter les dettes de son mari. Elle a la liberté du choix.

« Se un homme ou une fame, achetaient terre ensemble ; cil qui plus vit si tiens la vie les achats. Et quand ils se seront morts ambedui, si retorneront li achat l'une moitié au lignage devers l'home, et l'autre moitié au lignage devers la femme » (3). Traduction : si un mari achetait coinjointement avec sa femme, quelque terre, elle reste au dernier vivant ; et à sa mort, la moitié retournera aux héritiers du mari, et l'autre moitié aux héritiers de la femme.

(1) Beaumanoir, ch. XXI. La Thaum.
(2) Liv. 1, chapitre XV.
(3) Liv. 1, chapit. 138.

Mais si une société existe dès cette époque entre le mari et la femme, l'un et l'autre vont-ils avoir sur les biens communs des pouvoirs égaux ? nullement : A tort ou à raison, nos pères ont toujours considéré qu'à la tête de la société conjugale, doit se trouver, un chef, et ce chef c'est le mari. Ainsi à une époque bien plus avancée aux quinzième et seizième siècle, l'on considère que l'association commence pour la femme seulement au jour de la dissolution de la communauté : *Non est socia sed speratur fore; maritus vivit tanquam dominus, moritur tanquam socius.* L'administration des biens de la communauté est unique, et elle réside entre les mains du mari ; seul, il a le droit de vendre, d'aliéner, d'engager les biens de la communauté.

Or, ces biens comprennent la jouissance des propres de la femme ; le mari, comme maître de la communauté, a sur eux un droit de surveillance ; il ne faut pas que la femme puisse, par sa seule volonté, les faire passer en d'autres mains, et par conséquent toutes les fois qu'elle voudra disposer de l'un de ses biens, elle devra recourir à la *permission, licence* et *autorité* de son époux. Telle est, à mon avis, l'origine de l'autorisation maritale ; je la résume dans cette formule : « l'incapacité civile de la femme mariée a été, dans notre ancien droit français, le corollaire de la communauté conjugale, dont le mari était le seigneur et maître. » Un grand nombre de considérations viennent à l'appui de cette origine :

1° Du moment où une société de biens embrasse le patrimoine de deux époux soit en propriété, soit en jouissance, si l'un des co-propriétaires est unique administrateur, il est impossible que l'autre ait la libre disposition même de la nue-propriété qui lui reste.

2° Les mœurs et les lois détruisent le *mundium* : Il survit dans le mariage et continue de frapper l'épouse : Or ce phénomène se produit juste dans un temps où la communauté prend plus de consistance par suite du droit que la femme acquiert de transmettre sa part dans la communauté à ses héritiers. Jusque-là elle avait un pur droit de succession aux biens de son mari et encore était-il du tiers seulement des conquêts ; au 12° siécle. il s'augmente et atteint la moitié des mêmes biens.

3° L'incapacité civile de la femme mariée se rencontre seulement dans les pays de communauté. Là où nous trouvons le régime dotal, nous sommes sûrs de trouver en même temps une femme libre de disposer de ses paraphernaux. Nous l'avons dit ci dessus : point d'autorisation maritale dans les pays de droit écrit. En Normandie, pays de droit coutumier, où le régime dotal est en vigueur, la communauté était prohibée ; mais la question de l'autorisation maritale ne pouvait se présenter : car la femme, nous l'avons dit ci-dessus, n'avait point, à proprement parler, de paraphernaux.

4° Chose bien digne de remarque : si l'on étudie les anciennes coutumes de France, les textes qui posent les règles de la communauté et de l'autorisation maritale sont fort rapprochés les uns des autres ; très-souvent ils se touchent ; quelquefois même un seul article contient les deux institutions.

Ainsi pour la coutume de Paris, les articles 220, 221 et 222 réglementent la communauté ; et les articles 223, 224 l'autorisation maritale ; et ce qui est bien significatif, les deux institutions se trouvent sous une même rubrique : *communauté de biens.*

Pour la coutume d'Orléans : la communauté est posée en principe par l'art. 186, les droits absolus du mari sur les meubles et conquêts immeubles sont indiqués en l'art. 192 et l'incapacité de la femme pendant le mariage, aux articles 194 et 196, le tout aussi sous une seule rubrique ainsi conçue : *De communauté d'entre homme et femme mariés.*

Coutume d'Auxerre : La communauté est réglementée par les articles 190 à 206, et le principe de l'autorisation maritale en l'article 207 ; une seu'e rubrique couvre également les deux institutions : *De communauté de biens.*

Coutume de Douai : Les articles 48 à 52 ont trait à la communauté, et les articles 53 à 55 à la puissance maritale.

Coutume de Meaux : Sous cette rubrique : « Comment se partissent les biens meubles et conquêts immeubles, entre le survivant de deux conjoints par le mariage, après le décès de l'un d'eux, » nous trouvons le principe de la communauté posé en l'art. 56, celui de propriété du mari sur les biens communs en l'art. 59, et l'incapacité civile de la femme mariée en l'art. 58.

Coutume de Montargis : Le chapitre VIII a pour rubrique de communauté d'entre homme et femme mariée. Les articles 1, 2 s'occupent de la communauté, l'art. 3 confère au mari une double seigneurie sur les biens qui y sont compris, et les articles 4, 5, 6 la consacrent en privant la femme du droit de disposer de ses biens sans l'autorisation de son mari.

Coutume du Nivernais : L'autorisation maritale pour contracter ou ester en justice est exigée de la femme par l'art. 1 du chapitre XXIII, et les règles de la communauté sont exposées aux art. 2 et suivants du même chapitre.

Coutume de Troyes : Art. 80 : « La femme ne peut faire contrats entre-vifs, ni ester en jugement, sans l'auctorité de son mary ou de justice quant aux actes judiciaires. Art. 83 : Le mary et la femme sont communs en tous biens meubles et conquêts immeubles, » et art. 82 : Le mary est seigneur et maître de la communauté.

Coutume de Clermont en Beauvoisis : Sous la rubrique de communauté de biens, les articles 179 à 181 ont trait à la communauté, et les art. 183 à 191 à l'incapacité de la femme mariée de contracter et d'ester en justice.

Coutume de Laon : L'art. 17 établit la communauté entre époux, l'art. 18 donne au mari un droit à peu près absolu de disposer des biens de la communauté, et l'art. 19 pose le principe de l'incapacité de la femme mariée.

Coutume de Nancy, Lorraine, Vosges et Allemagne : tit. 2. Les a t. 6 et 7 posent le principe de la communauté et l'art. 8 les pouvoirs du mari et l'incapacité de la femme.

Je pourrais multiplier les exemples : Je m'arrête ici pour ne pas faire de citations fastidieuses.

5° Dans un grand nombre de coutumes, la femme, séparée de biens, cesse d'être soumise à l'autorisation maritale, et peut, avec la plus complète liberté, aliéner à titre onéreux ou gratuit, tout son patrimoine. Je ne citerai que les principales.

Coutume de Touraine, art. 232: « la femme mariée, noble ou roturière, ne peut ester en jugement, ne contracter sans l'authorité de son mary, soit au préjudice du mary ou d'elle; sinon qu'elle fust séparée deuement, ou qu'elle fust marchande publique, etc. »

Coutume de Saint-Quentin : Femme mariée est, en la puissance de son mari, et sans le consentement d'i celuy, ne peut donner, quitter, s'obliger, ne ester en jugement au préjudice d'elle et de son-dit mary, supposé qu'elle eût contracté de son propre, sinon qu'elle fût séparée par justice de son dit mary. »

La femme séparée de biens, dit la coutume de Sedan, art. 97 : « Peut contracter et disposer de ses biens meubles et immeubles, tout ainsi que pourrait faire si elle n'était pas mariée. »

Coutume d'Orléans, art. 196 : Femme mariée ne se peut obliger sans le consentement de son mary si elle n'est séparée de biens par effet, ou marchande publique. »

Coutume de Montargis, chapitre VIII, art. 6 : « Femme séparée de son mary, quant aux biens solennellement, peut, et luy loist contracter et disposer de ses biens meubles et immeubles, et en la manière qu'elle pourrait faire si elle n'était pas mariée. »

Coutume de Clermont-en-Beauvoisis, art. 191 : « Une femme étant en lien de mariage, ne se peut obliger, sans le consentement de son mari, si elle n'est séparée ou marchande publique, » et art. 183 « une femme ne peut ester en jugement sans le consentement de son mary, sinon qu'elle soit séparée ou qu'elle soit autorisée de justice. »

Enfin, dans quelques coutumes, après la séparation de biens, la femme qui reste incapable de contracter, devient capable d'ester en justice; ainsi en est-il dans la coutume de Paris. Art. 224: « La femme ne peut ester en jugement sans le consentement de son mary, si elle n'est autorisée ou séparée par justice, et ladite séparation exécutée.

Et quand à celles que je n'ai pas citées, si quelques unes maintiennent dans son incapacité la femme séparée de biens, cela tient peut-être à l'influence du droit romain, que les légistes voulaient appliquer partout, sur le droit coutumier. « La femme est *en puissance de son mari*, et ne peut contracter ni plaider. » disent les coutumes. L'expression : puissance maritale comme cette autre, puissance paternelle, ont certainement une origine romaine, *mariti potestas*, *patria potestas*. Et si, dans l'esprit des rédacteurs des coutumes, l'incapacité civile de la femme résultait de la puissance maritale comme semble l'indiquer la formule ci-dessus, l'on comprend qu'elle survive à la séparation de biens. Ainsi s'explique la divergence des coutumes; les unes, fidèles à la tradition, font cesser la nécessité de l'autorisation après la séparation; les autres, influencées par le droit romain, l'exigent encore après. Ici comme dans beaucoup d'autres matières le droit romain a altéré le droit coutumier.

Pothier subissait aussi l'influence du droit romain, lorsqu'il s'exprimait ainsi : « La nécessité de l'autorisation maritale, n'est fondée que sur la puissance que le mari a sur la personne de sa femme, qui ne permet à sa femme de rien faire que dépendamment de lui (1). » Evidemment, le grand jurisconsulte du XVIIIe siècle, avait encore présents à l'esprit les souvenirs de la manus. Car, jamais. dans les principes du vieux droit de la France, la femme ne fut dans une sujétion telle de ne pouvoir rien faire que dépendamment de son mari.

Cette conclusion, que « l'autorisation maritale a été le corollaire de la communauté » trouve un puissant appui dans l'observation suivante que fit le tribunal de Mont-

(1) Pothier, édit. Bugnet, t. VII, p. 3.

pellier, sur le projet du code civil. L'art. qui, dans la rédaction définitive, devint l'art. 217, rendait la femme incapable sous tous les régimes matrimoniaux. « L'on ne voit pas, fit observer le tribunal de Montpellier, pourquoi l'autorisation et consentement du mari seraient nécessaires dans les cas même où la femme est libre dans ses biens.... L'expérience, d'ailleurs, prouve l'inutilité de pareilles précautions, qui ne font qu'occasionner des contestations et rendre le remède pire que le mal (2). »

Je me souviendrai plus loin de ces sages paroles.

(2) Fenet, t.

CHAPITRE II·

FONDEMENT DE L'AUTORISATION MARITALE.

C'est la question capitale ; il importe donc de l'étudier avec soin, dès l'entrée en matière.

Je ne crains pas de l'avouer ; c'est peut-être chez moi défaut de pénétration : mais après avoir compulsé les travaux préparatoires et médité les dispositions du code sur ce grave sujet, je me déclare vaincu et je désespére de trouver un motif ou une réunion de motifs sur lesquels reposent l'existence et la réglementation de cette institution dans nos lois.

L'autorisation maritale, en droit coutumier pur, était la conséquence de la communauté ; je l'ai affirmé, et j'espère l'avoir démontré. Aujourd'hui, ce motif n'est plus exact, car, sous tout régime matrimonial, communauté, séparation de biens, non-communauté, régime dotal, la femme est frappée d'incapacité (art. 217, 1449 1554 et 1576.)

Le Code qui, si souvent, puise à la tradition, rompt ici avec elle. Dans les pays de droit écrit, l'on ne connaissait pas l'autorisation maritale ; dans un grand nombre de pays coutumiers, elle devenait inutile après la séparation de biens. Le Code, moins libéral, l'a généralisée.

La tradition nous manque: les discussions qui ont précédé la rédaction et l'adoption de nos articles nous mettront-elles sur la voie?

En général, elles jettent peu de lumière sur les questions, quand elles ne les rendent pas plus obscures; ici, elles n'embrouilleront rien, car elles font presque totalement défaut. Voici ce que j'ai cru devoir en recueillir.

Discours préliminaire de Portalis « L'autorité maritale est fondée sur la nécessité de donner, dans une société de deux individus, la voix prépondérante à l'un des associés et sur la prééminence du sexe auquel cet avantage est attribué. » (1)

Discussion au Conseil d'Etat, sur le projet de l'art. 217 : « Le C. Maleville rappelle que dans les pays de droit écrit, la femme avait des paraphernanx dont elle disposait sans le consentement de son mari.

Le C. Portalis dit que c'était un abus qui donnait au mari la faculté de dissiper les biens de son épouse ; là le mari n'était pas retenu par la nécessité de donner une autorisation publique.

Le C. Maleville répond qu'en pays coutumier, le mari peut aussi dissiper les biens de sa femme, puisqu'ils deviennent aliénables avec son consentement, que du moins en pays de droit écrit, le mari ne peut toucher à la dot.

Le C. Tronchet répond.. .. qu'il faut que le mari puisse veiller à la conservation des biens de son épouse.

(1) Locré, I, page 256, édit. de l'an XII.

Le C. Cretet demande si la femme peut acheter des immeubles sans l'autorisation du mari.

Le C. Tronchet répond qu'elle ne le peut pas, parce qu'elle aliénerait un capital ou qu'elle s'obligerait.

Suit une discussion sur une question importante, celle de savoir si la femme a capacité pour acquérir seule un immeuble, et qui a été tranchée par la négative. (1)

Je ne commente pas ces citations, il est évident que les conseillers d'Etat qui prirent part à la rédaction n'avaient d'idée bien arrêtée sur le principe de l'autoisation maritale.

Peut-on le trouver dans l'ensemble des dispositions du Code ?

C'est l'opinion générale ; trois motifs principaux sont invoqués.

1ᵉʳ motif: *Faiblesse du sexe.*

C'est ce que les Romains appelaient *imbecillitas, fragilitas sexus.*

Ce motif ne manque pas d'une certaine vraisemblance. En effet, nos anciens auteurs, dont les rédacteurs du Code n'ont pas fait fi, ne ménageaient pas les reproches à la femme ; tout le monde sait qu'ils lui imputaient quatorze ou quinze grands défauts que la dignité de cette thèse me défend de reproduire. D'autre part, le premier Consul prit une part active aux travaux de la législation sur le mariage, et son influence sur l'esprit

(1) Locré. t. 1., page 289 et 290, édit. de l'an XII.

de ses collaborateurs n'était pas médiocre. Or, personne n'ignore quelle était, selon lui, la première qualité de la femme. Enfin, l'épouse, contrairement à ce qui se passait à l'origine de l'institution (1), peut demander la nullité des engagements qu'elle a pris sans l'autorisation de son mari (art. 225, 1125 et 1304); à l'exemple des autres incapables, mineurs et interdits, dont l'incapacité repose certainement sur une volonté faible et insuffisante ; cette nullité n'est pas couverte par la mort ou le silence du mari ; s'il est absent ou interdit, l'autorisation du juge doit suppléer la sienne ; enfin elle doit être spéciale. Voilà, certes, des conséquences qui impliquent le défaut d'intelligence. Et cependant, là n'est pas le fondement de l'incapacité de la femme ; en effet :

1° Le mari ne demanderait la nullité qu'en qualité de tuteur et, par conséquent, au nom de sa femme.

Or, il a une action en nullité propre (art. 225) transmissible à ses héritiers et dont l'exercice appartient, je le démontrerai plus loin, à ses créanciers ;

2° La femme ne pourrait traiter avec son mari pas plus qu'un pupille ne peut traiter avec son tuteur. — Or, tous les contrats entre époux sont permis, à l'exception de ceux que la loi leur interdit savoir : la vente (art. 1595), la dation en paiement (art. 1596), l'échange (art. 1707), et, enfin, les donations irrévocables.

3° Les filles et veuves majeures seraient, elles aussi, incapables ; car les paroles de l'officier de l'état-civil,

______

(1) Beaumanoir.

qui marie deux époux, n'ont pas le pouvoir magique de jeter un voile sur l'intelligence de l'épouse, ni la mort de l'époux de lever ce voile; or, avant le mariage, après le mariage, la femme jouit d'une capacité absolue.

La faiblesse du sexe invoquée comme fondement de l'autorisation maritale, conduisait fatalement à la tutelle perpétuelle. Je ne crois pas qu'un seul publiciste, qu'un seul jurisconsulte veuille faire passer cette conséquence en texte législatif.

2e MOTIF : *Puissance maritale, c'est-à-dire obéissance morale que la femme doit au mari* (1).

Ce motif ne manque pas non plus de vraisemblance, car :

1° Si l'on cherche la suite des idées qui dominaient le législateur quand il édicta les règles de l'autorisation maritale, l'on voit d'abord, dans l'art. 213, le devoir d'obéissance imposé à la femme, et, dans les articles suivants, deux dispositions qui semblent la conséquence du devoir d'obéissance, savoir : l'obligation d'habiter avec le mari et de le suivre partout ou il lui plaira de résider (art. 214), puis l'incapacité d'ester en justice et de contracter (art. 215 à 225).

2° L'art. 1388 décide que les époux ne peuvent, par leurs conventions matrimoniales, déroger aux droits résultant de la *puissance maritale* sur la personne de la femme, ou qui appartiennent au mari comme chef.

(1) Pothier, t. VII, pages 2 et 3.— M. Gide. qui a écrit que : « la femme doit être soumise à l'homme qui est tenu de la protéger ». Pothier, introduct. au tit. X de la cout. d'Orléans, n° 144. Toullier, t. II, p. 615.

C'est bien dans cette disposition, expliquée du reste par d'autres, que se rencontre la prohibition pour le mari de renoncer d'avance à son droit d'autorisation ;

3° Enfin, le mari est recevable à provoquer l'annulation des contrats passés par sa femme non autorisée.

Mais ce motif est aussi inexact que le premier ; en effet :

1° La femme mariée a droit de faire, sans autorisation, un certain nombre d'actes qui ne sont pas des moins importants de la vie civile : son testament (art. 226 et 905); une reconnaissance d'enfant naturel né avant le mariage (art. 337), même d'un autre que de son époux ; dans deux régimes matrimoniaux (séparation de biens et régime dotal quant aux paraphernaux), la loi lui laisse l'administration de ses propres ; et sous tous les régimes, elle peut, par contrat de mariage, se la réserver ;

2° Les héritiers du mari et, à mon avis, ses créanciers, ont qualité pour demander la nullité des actes faits par la femme sans autorisation ; et, cependant, doit-elle obéissance aux héritiers, aux créanciers de son mari?

3° Si le mari est mineur, c'est à la justice que la femme doit demander l'autorisation ; cependant le mari, quoique mineur, est déjà investi de la puissance maritale et la femme lui doit obéissance. S'il est déchu du droit d'autorisation par l'effet d'une peine afflictive et infamante, la femme ne cesse pas d'être incapable et doit s'adresser à la justice.

3° Enfin j'ai déjà dit que la femme peut, elle aussi, opposer le défaut d'autorisation. Si la nullité résulte du mépris de l'autorité maritale, comment comprendre que la loi ait donné à la femme le droit de s'en prévaloir ?

3° MOTIF : *Nécessité de soumettre le patrimoine de la femme au contrôle du mari qui supporte les charges du mariage ?* (1)

Opinion vraisemblable encore : car le mari, pour faire tomber l'acte, n'a qu'à se retrancher dérrière l'absence d'autorisation. L'ancien droit décidait de même et Beaumanoir allait plus loin : Il refusait à la femme l'action en nullité.

Et pourtant là n'est pas, non plus, le fondement de l'autorisation maritale. Autrement l'incapacité cesserait dans tous les actes de la femme qui ne porteraient pas atteinte aux droits du mari comme obligé aux charges du mariage.

Or, quand le patrimoine de la femme n'est pas affecté à l'entretien des époux et des enfants, alors même la femme reste frappée d'incapacité. Ainsi, sous le régime dotal, elle ne peut aliéner ses paraphernaux ; sous le régime de la séparation de biens, elle ne peut aliéner la nue-propriété d'aucun de ses propres, eût-elle vingt fois plus de revenus qu'il n'en faut pour payer les sommes mises à sa charge personnelle par la loi ou la convention ; ainsi encore sous le régime de com-

(1) MM. Aubry et Rau.

munauté quand elle s'est réservé l'administration et la jouissance d'une ou de plusieurs immeubles, elle n'en peut disposer.

Tels sont les trois motifs invoqués pour expliquer l'autorisation maritale.

Il est bien certain que chacun d'eux est insuffisant. Aussi les commentateurs du Code Napoléon en ont-ils réuni plusieurs. M. Valette enseigne (1) que l'autorisation est exigée non seulement pour maintenir l'autorité du mari, mais aussi dans le but de protéger les intérêts de la femme. M. Demolombe ne recule pas devant la réunion des trois motifs, et essaie ainsi d'expliquer chacune des multiples dispositions de la loi. Le droit pour la femme de demander la nullité des actes faits sans autorisation, la nécessité de demander l'autorisation de justice en l'absence ou pendant la durée de l'interdiction du mari, la spécialité de l'autorisation reposeront sur la faiblesse du sexe.

Le droit de nullité du mari reposera sur la puissance maritale ; et sur la nécessité de soumettre les intérêts matrimoniaux à une direction unique ;

Enfin la prohibition de l'autorisation générale et l'impossibilité pour les femmes qui ont l'administration et la jouissance de leurs biens, d'en consentir l'aliénation reposeront sur cette idée que la puissance maritale n'est pas susceptible d'abdication.

Je comprends les réunions de motifs quand les diver-

(1) *Explicat. somm. du Code Nap. page 119.*

ses raisons produites militent en faveur l'une de l'autre, et sont, de plus, corroborés par l'ensemble de la législation : ainsi la réunion des motifs qui ont fait abolir les substitutions, savoir, l'intérêt du crédit, l'égalité des enfants et la paix des familles.

Mais quand ils se contredisent l'un l'autre et contredisent l'ensemble de la législation , vouloir les réunir, c'est faire un assemblage impossible d'idées incohérentes.

Est-il permis de se défier de la capacité morale de la femme mariée quand on a pleine confiance dans la femme libre de mariage? Surtout quand on lui permet de traiter avec son époux et sous son autorisation ?

Pour l'honneur du législateur, écartons ce motif.

Est-il permis de soutenir que l'on a voulu assurer l'unité et remettre aux mains, seules vigilantes, du mari, les revenus de la famille, quand la femme en a la disposition dans trois régimes sur quatre ?

Pour la logique du législateur, écartons encore ce motif.

Est-il permis de soutenir que l'on a voulu empêcher le mépris de l'autorité maritale quand on permet à la femme de s'en prévaloir?

En vérité, écartons encore plus loin le troisième motif.

Vous voulez cependant les rassembler tous ? j'y consens.

Encore ne saurez-vous me justifier tous les art. du code ?

Comment expliquerez-vous que la femme, dans les mains de laquelle réside l'administration et la jouissance de ses biens, ne puisse, comme dans l'ancien droit, engager un procès qui n'expose qu'une portion minime de ses revenus. Elle a droit de disposer de leur totalité par contrat direct; pourquoi n'en peut-elle disposer d'une fraction par contrat judiciaire ?

On me répondra : un procès c'est un acte isolé; il n'y a pas là une nécessité de tous les instants comme dans les actes d'administration.

Mais, de bonne foi ! peut-on dire qu'il y ait une nécessité de tous les instants pour la femme commerçante de vendre ou d'hypothéquer les immeubles, quelques-un de ses immeubles, son unique immeuble?

Il est peu de marchandes publiques qui n'aient plusieurs procès à soutenir; il y en a beaucoup qui n'ont pas plusieurs immeubles à vendre Et dans les procès, la femme ne peut s'y engager parce qu'elle fait des actes isolés ; les immeubles, elle peut les aliéner parce qu'elle fait des actes de chaque instant !

Ma conclusion est donc celle-ci. Le législateur n'est point parti d'un principe certain et déterminé. Je ne dirai point comme Mlle Daubié, et bien que l'accusation soit souvent formulée par nombre de femmes des plus respectables, que les hommes ont fait les lois et les ont faites à leur profit (1) Le législateur ne mérite pas ce soupçon d'égoisme, mais on peut lui reprocher

(1) La femme se trouve opprimée dès qu'elle n'a pas concouru à la formation des lois. Mlle Daubié : *La femme pauvre au XIXe siècle.*

de n'avoir pas été mu par une idée fixe. Au lieu d'asseoir l'édifice de son institution sur les données de la raison et la justice, il a copié dans le passé une vieille institution déjà ébréchée par le droit romain et l'a modifiée peu habilement. De là l'incohérence que j'ai signalée.

CHAPITRE III.

ÉTENDUE DE L'INCAPACITÉ DE LA FEMME MARIÉE.

Le régime matrimonial adopté par les époux influe, d'une façon notable, sur l'étendue de l'incapacité de la femme ; tel contrat de mariage ne laisse pas un centime à sa disposition, par exemple celui dans lequel on a stipulé la communauté légale (art. 1428). Tel autre lui continue la disposition de tous ses revenus, ainsi celui qui dans lequel on a stipulé la clause de séparation de biens. (art. 1449 et 1536). Mais si large que soit le cercle dans lequel peuvent se mouvoir les conventions matrimoniales, il est une limite devant laquelle s'arrête nécessairement la capacité de la femme : c'est le droit de disposer, sans aucune autorisation, de la nue-propriété des biens qui lui appartiennent en propre.

Ainsi le régime matrimonial ne détruit pas la règle ; il en modifie seulement l'étendue.

Etudions d'abord les règles générales de l'incapacité de la femme mariée ;

Puis cette incapacité sous les divers régimes matrimoniaux.

SECTION PREMIÈRE.

RÈGLES GÉNÉRALES.

L'incapacité commence avec le mariage et finit avec lui (art. 217.) Cette observation n'est pas inutile; car autrefois certaines coutumes soumettaient la femme à l'autorisation dès le jour des fiançailles. (1) Elle persiste après la séparation de corps. Elle est exigée:

1° Pour les actes judiciaires,

2° Pour les actes extra-judiciaires.

ACTES JUDICIAIRES

(Code Nap. art. 215, 218, 221 et 224.)

La règle est posée en l'article 215 : « La femme ne peut ester en jugement sans l'autorisation de son mari, quand même elle serait marchande publique ou séparée de biens. »

Quand même elle serait marchande publique : Le motif donné par les auteurs, est que les procès sont assez rares pour que l'intervention du mari n'entrave pas le commerce de la femme;

Ou séparée de biens : Le Code ici déroge à l'ancien droit coutumier : la majorité des coutumes, et nous en

(1) Pothier ; de la puissance du mari, nos 7, 8.

avons cité un certain nombre, reconnaissaient à la femme séparée de biens le droit d'ester en justice sans autorisation.

L'incapacité de plaider est donc absolue, fut-ce contre le mari lui-même ; nous verrons cependant deux exceptions à cette règle : au cas de demande en séparation de corps, et de demande en séparation de biens.

Peu importe la juridiction civile, administrative ou criminelle ; peu importe aussi le degré de juridiction, justice de paix, tribunal civil d'arrondissement, cour impériale, cour de cassation ; conseil de préfecture, conseil d'Etat ; tribunal de police correctionnelle, chambre des appels correctionnels : Dans tous les cas, la femme a besoin pour plaider de l'autorisation maritale.

Peu importe aussi le rôle qu'elle joue dans l'instance, celui de demanderesse ou défenderesse.

Est-elle demanderesse ? Si l'exploit d'assignation ne contient pas d'autorisation par le mari, le défendeur ne pourrait cependant pas demander la nullité des actes de procédure faits par la femme (art. 225 et 1125). Mais il serait fondé à refuser le débat jusqu'à ce que la femme eut été autorisée, et pour cela le tribunal a l'habitude d'accorder un délai à la femme.

Est-elle défenderesse ? le demandeur doit assigner, non-seulement la femme, mais aussi le mari, à fin d'autorisation : sinon l'assignation est nulle.

Le mari étant assigné avec sa femme, s'il ne l'autorise

pas à plaider, le tribunal accorde l'autorisation dans le jugement qui statue sur la demande, quelle que soit la décision, et sans distinguer du reste si le jugement **est** contradictoire ou par défaut.

EXCEPTIONS.

1°.

En matière criminelle, correctionnelle ou de simple police, la femme peut plaider, comme défenderesse, sans autorisation (art. 216). Autrement le mari ferait obstacle à l'exercice de l'action publique. En est-il de même lorsque la femme est poursuivie par la partie civile?

Distinguons :

Si la partie civile poursuit accessoirement au ministère public, les auteurs sont d'accord pour ne pas exiger l'autorisation : la solution contraire, en effet, porterait atteinte à la règle que, devant les tribunaux criminels, la partie lésée peut former sa demande en dommages-intérêts à l'audience même où se trouve portée l'action publique et jusqu'au jugement de cette action.

Si la partie civile agit par voie de citation directe, les jurisconsultes sont divisés. Une opinion soutient que l'autorisation du mari n'est pas exigée ; car l'article 216 ne distingue pas ; et de plus, le délit étant constaté dans l'instance, le ministère public peut conclure à l'applica-

tion de la peine ; nous retombons alors dans l'hypothèse précédente. (1)

MM Aubry et Rau sont d'un avis contraire : En effet,
disent-ils, quand l'action est directe, rien n'empêche la
partie lésée d'assigner le mari en même temps que la
femme ; le mari peut avoir un grand intérêt, pour éviter
un scandale judiciaire, à prendre des arrangements avec
la partie qui se prétend lésée par un délit qu'elle impute
à la femme.

L'article 216 n'a rien à faire ici ; il vise l'hypothèse
où la femme est poursuivie devant un tribunal criminel
ou correctionnel, *mais en matière criminelle ou correctionnelle seulement* : alors l'autorisation n'est pas exigée.
Nous faisons une concession à la partie qui se joint à l'action du procureur impérial et nous la dispensons de l'o-
bligation d'assigner le mari ; mais notre hypothèse est
celle d'une action civile soulevée directement, en même
temps qu'une action publique, par un particulier ; l'assignation est nécessaire.

Bien entendu, quand la partie civile agit devant les
tribunaux civils contre une femme mariée coupable d'un
délit, celle-ci a besoin de l'autorisation maritale.

2°.

Quand une femme veut former contre son mari une
demande en séparation de biens, elle doit obtenir du
président du tribunal une autorisation préalable : pour

(1) M. Demol, t. IV. p. 157.

cela elle lui adresse une requête; le président ne peut refuser l'autorisation, mais a droit de faire les observations qui lui paraissent convenables. Cette requête est adressée sans autorisation du mari. (art. 865 , code pr.)

Quand un époux, dans l'espèce, la femme veut se pourvoir en séparation de corps contre son conjoint, il est tenu de présenter au président du tribunal requête contenant sommairement les faits. Cette requête est adressée valablement par la femme au président sans autorisation.

Notons que dans ces deux cas, l'autorisation de plaider est accordée non par le tribunal tout entier, mais par le président du tribunal seul. (art. 865 et 878 code pr.)

ACTES EXTRA-JUDICIAIRES.

Si la femme ne s'est réservé, par contrat de mariage, l'administration de tout ou partie de ses biens, tout acte par lequel elle disposerait, même de ses revenus, est attaquable, à défaut d'autorisation.

En effet, l'article topique, à ce point de vue, c'est l'art. 217 ainsi conçu : « La femme , non commune ou séparée de biens, ne peut donner, aliéner, acquérir, à titre gratuit ou onéreux, sans le concours du mari dans l'acte ou son consentement par écrit. »

Or, tous les actes de la vie civile peuvent se réduire à quatre :

1° Aliéner ;

2° Acquérir ;

3° Devenir créancier ;

4° Devenir débiteur ;

A titre onéreux ou gratuit.

ALIÉNER : (art. 217). Il s'agit ici de l'aliénation directe par laquelle je fais sortir de mon patrimoine pour transmettre à autrui tel bien mobilier ou immobilier, corporel ou incorporel. Toute aliénation, à quelque titre que ce soit, gratuit ou onéreux, est interdite à la femme sans l'autorisation de son mari (art. 217). Il n'importe qu'elle ait aliéné la propriété ou ses démembrements. C'est ainsi que la prohibition d'aliéner entraîne celle d'hypothéquer ses immeubles, de les grever de servitudes ; d'abandonner à un tiers l'usufruit.

ACQUÉRIR : La femme peut-elle acquérir à titre onéreux ? Non ; car pour acquérir, elle devrait d'abord aliéner son argent, ce qui lui est défendu ; l'art. 217 est formel, et d'un autre côté, la question fut soulevée au sein du conseil d'Etat et tranchée dans le sens que nous avons indiqué (1).

Mais à titre gratuit ? Ici l'acquisition n'implique pas de la part de la femme une aliénation concomitante : Et cependant la femme est incapable de recevoir par donation ou testament. Pourquoi ? Les auteurs répondent : *Ne turpem quœstum faciat !* Les bonnes mœurs sont intéressées à ce qu'un mari connaisse la cause des libé-

____

(1) Locré, édit. de l'an XII. T. I, pag. 289 et 290.

ralités qu'on veut faire à sa femme (1).— Ce motif n'est rien moins que probant et conduirait à priver le mari du droit d'accepter une donation ou un testament. Car pourquoi une femme ne suspecterait-elle pas aussi l'origine des libéralités faites à son mari?

DEVENIR CRÉANCIER : Quand je deviens créancier, j'acquiers un droit. A titre gratuit, c'est une donation ou un legs que je reçois; permettre à la femme d'être l'objet de pareille libéralité serait, aux yeux de la loi, chose dangereuse; à titre onéreux, c'est une aliénation que je fais. Donc, quand la femme prête, elle aliène ; aussi ne peut-elle, à titre onéreux, devenir créancière sans l'autorisation de son mari.

DEVENIR DÉBITEUR : On devient débiteur par contrat, par délit, par quasi-contrat, par quasi-délit et aussi par la loi. Et d'abord la femme mariée peut-elle, sans autorisation, contracter une obligation personnelle?

Il suffit de lire l'article 217 pour répondre non : Sans doute, il ne la prive pas formellement du droit de s'obliger, comme il la prive formellement du droit d'aliéner ou d'acquérir. Mais s'obliger, c'est aliéner indirectement; or, on ne peut, indirectement, faire ce que la loi défend de faire directement; c'est ainsi que sous le régime dotal, la femme, même autorisée du mari n'a pas la capacité de souscrire des obligations exécutoires sur les immeubles dotaux, parce qu'elle n'a pas capacité d'aliéner ces mêmes immeubles; quiconque s'oblige, s'expose à être exproprié.

(1) Mourlon, rép't. écrites, T. I, p. 388.

Je réserve la question de savoir si la même solution doit être donnée à l'égard de la femme séparée de biens.

Disons de suite que l'épouse est obligée par la loi (art. 370) (1), par son délit (art. 1382 1410), et son quasi-délit (art. 1383, 1310 et 1424); ce que l'on veut atteindre ce sont les actes licites, mais volontaires chez la femme, et que les tiers auraient pu ne pas faire avec elle.

S'oblige-t-elle par quasi-contrat?

Prenons pour exemple les deux quasi-contrats prévus et réglementés par le code : la gestion d'affaires et le paiement de l'indû.

1° *Gestion d'affaires.*

La femme peut avoir joué le rôle actif (elle a géré la chose d'autrui), ou le rôle passif (on a géré sa propre affaire). Dans le premier cas, est-elle soumise aux obligations du *negotiorum gestor* (art. 1372, 1373 et 1374), dans le second, aux obligations du *dominus negotii* (art. 1375).

La difficulté s'élève surtout dans le cas où la femme a joué le rôle actif et volontaire.

Deux systèmes :

1er système. Dans l'un et l'autre cas, la femme est obligée. Il n'y a pas à distinguer si elle a joué le rôle

(1) Ainsi, par la gestion d'une tutelle (art. 390, 395, 396), En effet, qui veut la fin, veut les moyens. La loi qui impose elle-même une obligation à la femme doit la rendre capable à cette effet. (M. Demol. t. IV, n° 172).

actif et volontaire, ou le rôle passif et involontaire, car la femme est liée par son délit ou son quasi-délit. Supposons qu'elle ait mal géré ; dira-t-on qu'elle n'est pas responsable ?

De plus, l'art. 217 ne distingue pas : ou il annulle toutes les obligations de la femme sans exception, quelle qu'en soit la source, ou il annulle seulement les obligations contractuelles. Il faut raisonner pour le quasi-contrat comme on raisonne pour le délit ou le quasi-délit.

2e Système. La femme est obligée seulement quand elle a joué le rôle passif et involontaire.

Les deux arguments du système contraire sont faciles à réfuter ; vous dîtes : la femme sera tenu de sa gestion parce qu'elle peut mal gérer et qu'une mauvaise gestion l'oblige comme un délit ou quasi délit. D'accord : mais notez-bien qu'alors son obligation dérive non du quasi-contrat et des art. 1382 et suivants, mais d'un délit et de l'art. 1382.

La différence entre le quasi-contrat d'une part et le délit d'autre part, se justifie parfaitement bien. On ne conçoit pas une femme demandant à son mari l'autorisation de nuire à autrui et c'est pour cela que nous la déclarons obligée ; mais l'on comprend très bien qu'une femme demande à son mari l'autorisation de gérer les affaires d'un absent auquel elle porte intérêt, et c'est pour cela que, si elle ne l'a pas fait, elle a agi sans capacité.

Du reste l'acceptation d'une succession est un quasicon'rat qui oblige l'acceptant envers les créanciers et les légataires; or, la femme ne peut accepter une succession sans l'autorisation du mari (art. 776); et pour le même motif l'article 1029 la rend incapable d'accepter seule une exécution testamentaire.

2º *Paiement de l'Indu.*

Il faut supposer une femme ayant qualité pour recevoir un paiement, et qui par conséquent, administre tout ou partie de ses biens; autrement, comme elle est pupille, elle devrait restituer *quatenus locupletior facta est.* Il ne s'agit pas ici de sommes modiques que la femme serait obligée de restituer intégralement. La question est celle-ci : Une femme séparée de biens, par exemple, a reçu en paiement un capital de 100,000 francs, moitié de sa fortune ; c'était son droit. S'obliger par contrat de payer à son tour 100,000 fr. excéderait sa capacité de femme mariée et l'obligation serait annulable. Doit-elle restituer ces 100,000 francs, parceque l'obligation résulte non d'un contrat mais d'un paiement indû? Oui, pourrait-on dire : car la femme, capable de recevoir un paiement est capable de subir toutes les obligations qui résultent de ce paiement. Elle a capacité de recevoir ce qui lui est dû : or, elle a reçu ce qui ne lui est pas dû; elle ne *s'est* par obligée à rendre, elle *est* obligée, *par le fait*, à la restitution.

M. Demolombe combat cette solution: Une femme, dit-il, en recevant un paiement qu'elle a qualité de recevoir, pourrait-elle s'obliger conditionnellement à ren-

dre l'argent? Evidemment non , car elle ne contracte
pas valablement d'obligation personnelle. Or, la situation est identiquement la même : la femme est de mauvaise foi; elle sait qu'un jour elle se verra obligée de
restituer. Elle souscrit un véritable obligation; donc
elle n'est pas tenue si ce n'est *quatenus completior
facta est*. M. Demolombe présume donc un contrat
entre la femme qui reçoit, et le tiers qui verse l'argent ; il présume de plus chez la femme une volonté
de s'obliger conditionnellement. Là n'est pas, à mon
avis, le nœud de la gestion. Autrement voici à quelle
conséquence on arriverait: L'obligation résultant d'un
paiement reçu de mauvaise foi, c'est-à-dire, en connaissance de cause et volontairement, serait nulle, soit
pour cause d'atteinte à l'autorité maritale, soit pour cause
d'incapacité morale chez la femme; car, d'après M. Demolombe lui-même, ce sont là deux des motifs sur lesquels repose l'autorisation. Au contraire, l'obligation
résultant d'un paiement reçu de bonne foi, c'est-à-dire
par erreur, serait valable, puisque l'autorité maritale ne
souffre aucune atteinte et que l'on ne peut pas la faire
annuler sous prétexte de faiblesse intellectuelle chez l'o-
bligée. D'où la femme qui aurait reçu sciemment ce qui
ne lui est pas dû, ne serait tenue de restituer que *quatenus complet or facta est* et que celle qui aurait reçu par
erreur devrait tout restituer, conclusion immorale et
par conséquent illégale.

Mon système sera le suivant : ou la femme était de

mauvaise foi, et alors recevant ce qui ne lui était pas dû, elle cause par son fait à autrui un préjudice ; le préjudice intentionnel est un délit (art. 1382) dont la femme est responsable ; donc elle devra tout restituer avec les intérêts du jour du paiement (art. 1378). Ou elle était de bonne foi, et alors la femme qui a reçu par erreur, se trouve encore tenue de restituer le tout, car celui qui reçoit par erreur ce qui ne lui est pas dû s'oblige, dit l'art. 1376 (il faut lire *est obligé*) de restituer, mais elle n'aura pas à payer les intérêts du jour du paiement (art. 1378).

Evidemment si l'on pouvait ici comparer la femme mariée à un mineur, nous dirions : elle est tenue jusqu'à concurrence de son enrichissement ; mais dans notre hypothèse la femme n'est nullement mineure ; elle est séparée de biens et capable, pleinement capable de recevoir un paiement.

Il est une certaine catégorie d'actes que la femme, sous tout régime, peut faire sans autorisation. Ainsi :

1° *Son testament* (art. 226 et 905) Dans l'ancien droit, les coutumes exigeaient, en général, l'autorisation. Le Code en a décidé autrement pour deux motifs : le premier est que le testament doit être l'œuvre exclusive du testateur et ne subir aucune influence étrangère, le second est que le testament produit son effet au décès seulement, alors qu'il n'y a plus de mariage, ni de puissance maritale ;

2° *Une révocation de testament.* — La révocation doit

être aussi libre, aussi personnelle que le testament lui-même.

3° *La reconnaissanee d'un enfant naturel né avant son mariage.* —En effet, c'eût été pour la mère un devoir souvent impossible à remplir, si son accomplissement avait été subordonné à la volonté du mari. L'art. 337 confirme du reste cette solution, en décidant qu'une pareille reconnaissance ne pourra nuire au mari ni aux enfants nés du mariage.

Enfin, ajoutons que la femme est apte à prendre les mesures conservatoires de ses droits ; ainsi faire inscrire son hypothèque légale sur les immeubles du mari, ou transcrire les donations qu'elle a reçues (art. 940, 1070, 2129).

SECTION II

INCAPACITÉ DE LA FEMME
SOUS LES DIFFÉRENTS RÉGIMES MATRIMONIAUX
RÈGLEMENTÉS PAR LE CODE.

1° *Communauté.*

Nous rencontrons ici trois patrimoines :

1° Celui du mari qui ne peut-être administré que par lui. Par la femme, ce serait en vertu d'un mandat toujours révocable.

2° Celui de la communauté. — L'administration, et même, dans de certaines limites, la disposition en appartient au mari (art. 1421 et 1422).

Pourrait-il être convenu par le contrat de mariage que la femme administrera tout ou partie des biens de la communauté? La question présente ici un très-grand intérêt : c'est, qu'en effet, les conventions matrimoniales ne peuvent recevoir aucun changement après la célébration du mariage (art. 1395). Donc le droit d'administration ou de disposition des biens de la communauté, une fois conféré à la femme continuerait de lui appartenir jusqu'à la séparation de biens.

Il ne saurait, à mon avis, s'élever de difficulté à cet égard. La loi a donné au mari des pouvoirs considérables, excessifs sur la communauté : il en est presque le seigneur et maître, comme on disait dans l'ancien droit; et ces pouvoirs elle lui défend de les abdiquer. En effet, l'article 1388 s'exprime ainsi : « Les époux ne peuvent déroger aux droits résultant de la puissance marita'e sur la personne de la femme ou des enfants, *ou qui appartiennent au mari comme chef.* On est d'accord pour décider que ces derniers mots signifient : comme chef de la communauté.

Or le mari, outre qu'il adminis're les biens communs, les aliène à titre onéreux sans le concours de sa femme. Aucune clause du contra' de mariage ne peut donner à celle ci de semblables droits, ni même les lui faire partager avec le mari.

Inutile de faire remarquer ce que le Code civil a de rigoureux et d'inj ste pour la femme. La communauté est le fruit de la collaboration commune, et le mari seul, sans demander conseil à sa collaboratrice dispose valablement du tout. La femme sans doute a le secours de la séparation de biens : neuf fois sur dix il sera trop tard quand elle s'adressera à la justice.

A titre gratuit, le droit du mari sur les biens communs est limité. Il ne peut les donner à des étrangers ou à des enfants d'un premier lit (art. 1422). Pour les immeubles, la prohibition est absolue : pour les meubles, il y a une except'on, le mari peut les donner, même aux personnes que je viens de désigner, à titre particulier et à la condition de ne pas s'en réserver l'usufruit.

Cette restriction a la faculté de donner les meubles et les immeubles, disparaîtrait-elle devant le concours de la femme? Au premier abord, la question semble une naïveté. Pourquoi deux époux, copropriétaires par indivis des biens communs ne pourraient-ils en disposer, à titre gratuit, au profit de qui bon leur semble? Et cependant trois Cours impériales ont jugé la négative (1). Deux argumens ont été invoqués par elles en faveur de leur jurisprudence :

1° Au cours de la communauté, la femme n'est pas propriétaire des biens communs, suivant le vieil adage : « *non est socia, sed speratur fore.* » — « *Maritus vivit tanquam dominus, moritur tanquam vocius.* ».

Or le mari seul ne peut faire les donations en question, la femme n'a aucun droit sur les biens communs : deux incapacités ne peuvent faire une capacité.

2° Cette donation serait, à l'égard de la femme, sous condition potestative et par conséquent nulle (art. 944). En effet, l'article 1453 défend à la femme de faire aucun acte qui compromette son droit de renoncer à la communauté. Si donc elle donne un bien commun, et que plus tard elle renonce, cette renonciation, qui est laissée à son libre arbitre, révoquera la donation.

Au premier argument je réponds : Nous ne sommes plus dans l'ancien droit; le Code a rayé les vieux adages (art. 1421). Aujourd'hui le mari n'est plus seigneur de la communauté, il en est simple administrateur. Sans

(1) Bourges, 1er août 1840. — Caen, 3 mars 1843. — Douai, 29 août 1855.

doute ses pouvoirs sont excessifs; mais il n'en est pas moins vrai que la femme est co-propriétaire des b ens communs. Les mots : *sans le concours de la femme*, de l'article 1432 le prouvent; la limite aux droits du mari, fixée en l'article 1422, établie en faveur de la femme, just fie notre proposition; enfin différents textes, notamment l'article 1454 qui dit : « La femme par sa renonciation perd toute espèce de droits sur les biens de la communauté » , établissent qu'avant sa renonciation elle avait dessus quelque droit.

Au second : Je ne vois pas dans la donation des biens communs par les époux une donation sous condition potestative à l'égard de la femme. Ou celle-ci, lors de la dissolution de la communauté, accepte, et alors la donation est pleinement confirmée; ou elle renonce, et alors la femme n'a jamais eu de droit sur la communauté; le donateur a été le mari seul, rétroactivement propriétaire unique des effets qui y sont compris. Donc la donation est encore confirmée. Il va sans dire que le mari pourrait donner mandat à sa femme d'administrer la communauté: mais ce mandat, soit spécial , soit général, est révocable, quoique donné par contrat de mariage. Son irrévocabilité serait une abdication de pouvoirs que la loi prohibe. (Art. 1388.)

Pour contrebalancer le pouvoir du mari sur la communauté, la femme a le droit de demander la séparation de biens quand la dot est en péril, c'est-à-dire, en général, quand elle est périe , et de renoncer à la communauté; elle n'est tenue des dettes communes contractées par le mari que *intra vires emolumenti*; enfin, la loi lui confère une hypothèque légale sur les immeubles du mari.

Les détails ci-dessus n'ont pas trait à l'autorisation maritale qui suppose une femme capable d'administrer ou de disposer de ses biens en son nom. Or, la communauté est aux mains du mari qui peut, en général, l'aliéner comme tel. J'ai donné ces détails, sur les droits du mari commun pour m'en servir plus tard, dans une discussion qui sera la conclusion de ce travail.

L'étude de la gestion des propres de la femme, nous ramène à l'autorisation maritale.

3° Patrimoine de la femme. — De droit, c'est encore le mari qui en a la gestion et la jouissance, mais avec les pouvoirs restreints d'un simple administrateur (art. 1428).

Du reste, par contrat de mariage, la femme a pu se réserver l'administration et la jouissance exclusive de tout ou partie de ses propres. La loi n'a point considéré ici qu'il y eût atteinte à la puissance maritale, (Art. 223, 1449, 1534, 1574 et suivants.)

Ce droit réservé, la femme le conserve jusqu'à la dissolution de la communauté et il est irrévocable. En effet, elle n'est pas ici mandataire de son mari, sur la tête duquel n'a jamais reposé le droit d'administrer. C'est un droit qu'elle avait avant le mariage et qu'elle n'a pas abandonné. Si le mari administre par tolérance de la femme, c'est comme mandataire tacite de celle-ci, et à titre révocable.

Il serait permis peut-être de considérer cette réserve faite par la femme comme une autorisation générale, irrévocable, imposée contractuellement au mari; (art. 223). Elle est valable, avons-nous dit, mais sans pouvoir dépasser les actes de simple administration. Les droits qu'il eût tenus de la loi, le mari se voit contraint de les laisser à sa femme. L'article 1428 les détermine; il semblerait donc que l'on dût se baser sur ce texte pour avoir la notion exacte du maximum de droits qui peuvent appartenir à la femme sur son patrimoine. Cependant cette idée rationelle n'est pas celle du Code. La femme commune qui a retenu l'administration de ses biens, a qualité pour consentir des baux de neuf ans, les résilier, pour toucher ses revenus et même ses capitaux, etc. Mais le mari aurait eu de plus la faculté d'intenter les actions réelles mobilières, les actions possessoires, toutes les actions personnelles.

Mon avis est que la femme commune pourrait, par contrat de mariage, se réserver, sur ses propres, tous les droits que la loi laisse à la femme séparée de biens; là est la limite. C'est donc le moment propice d'étudier la capacité de la femme sous le régime de la séparation de biens.

Pour éviter les procès, il serait bon que la femme commune déterminât, d'une façon nette et précise, dans les conventions matrimoniales, les actes d'administration qu'elle entend pouvoir faire sans autorisation.

2° *Séparations de biens.*

Il n'y a pas à distinguer la séparation de biens contractuelle et le séparation de biens judiciaire. On a prétendu que celle-ci conférait à la femme une capacité plus étendue que la première, Ainsi, la femme séparée contractuellement n'aurait pas, comme la femme séparée de biens judiciairement, le droit de disposer de son mobilier et de l'aliéner. L'art. 217, a-t-on dit, défend à la femme séparée de biens d'aliéner sans autorisation : L'art. 1449 lève la prohibition pour la femme séparée par jugement, mais la règle reste entière pour la femme séparée par contrat de mariage ; et cette interprétation se confirme par l'art. 1536 ; les droits de la femme qui a stipulé le régime de séparation de biens, y sont réglementés ; elle n'a que l'entière administration *de ses biens meubles et immeubles* ; il n'est pas question de la disposition des biens meubles. Ce texte est bien d'accord avec l'art. 217. On ajoute, pour justifier rationnellement cette différence, que le mauvais état des affaires du mari, amenant une séparation de biens judiciaire, met ordinairement la femme dans une plus grande gêne, qui nécessite de sa part l'emploi de plus grandes ressources. — La réponse à ces arguments est facile : L'article 1536 n'accorde à la femme séparée contractuellement que le droit d'administration des biens ; or, dans ce droit est compris celui de disposer du mobilier. En effet, la loi semble restreindre à l'aliénation des immeubles, en matière de contrats, l'incapacité minimum de la femme séparée de biens. « Toute autorisation générale d'aliéner les immeubles, donnée à la femme, soit par contrat de mariage, soit depuis, est nulle » (art. 1538. 2°). La considération morale tirée du mauvais état des affaires du mari, en cas de séparation judiciaire, tombe d'elle-même, ou plutô tourne contre le système : car la détresse du mari serait une raison pour veiller de plus près à la bonne gestion et à la conservation des biens de la femme qui restent seuls alors pour les besoins de la famille.

Donc, la capacité de la femme séparée de biens est la même, que la séparation procède du contrat de mariage ou d'un jugement.

Quelle est cette capacité ?

Elle consiste en ce que, sans l'autorisation du mari, la femme peut faire un certain nombre d'actes. Elle est la plus grave atteinte a l'institution dont l'étude fait spécialement l'objet de cette thèse : et elle est une preuve que l'incapacité civile de la femme n'a point son fondement dans la nécessité d'assurer, dans une seule main, la direction des affaires du ménage.

L'article 1449 détermine avec peu de précision les actes permis à la femme séparée et ceux qui lui restent interdits : « *La femme séparée, soit de corps et de biens, soit de biens seulement, en reprend la libre administration. Elle peut disposer de son mobilier et l'aliéner; elle ne peut aliéner ses immeubles sans le consentement du mari, ou sans être autorisée de justice à son refus.* »
La femme avant le mariage administrait elle-même ses

biens ; pendant la communauté, c'est le mari qui avait cette administration (art. 1428) ; la séparation de biens prononcée, la femme *reprend* (art. 1449) l'administration abandonnée au mari au cours de la communauté.

Il semble que pour déterminer les pouvoirs de la femme séparée de biens, il faille déterminer ceux du mari au cours de la communauté et les attribuer à la femme séparée.

Il n'en est pas ainsi, pas plus pour la femme séparée que pour la femme commune qui s'est réservé l'administration de ses propres. Jamais elle ne pourra plaider, le procès n'entamât-il point le dixième de ses revenus (1). Nous signalerons, plus loin, en passant d'autres différences. La règle est donc assez vague. La femme séparée est capable de faire les actes d'administration; mais elle reste incapable de faire les actes de disposition. La difficulté est de savoir ce qu'il faut entendre dans l'espèce, par acte d'administration et par acte de disposition.

En vertu de son droit d'administration, la femme peut toucher ses revenus, en poursuivre le recouvrement par voie d'exécution; louer ses immeubles pour un temps qui n'excède pas neuf ans; (art. 595, 1429 et 1718) (2).

Recevoir ses capitaux et en donner décharge avec main-levée des inscriptions hypothécaires prises pour sureté du créancier;

(1) Civ. Cass. 6 mars 1827, Sirey. 1827. 1,334. Civ. Cass. 13 nov. 1844, Sirey. 1845. I, 45.

(2) Zach. T. IV, p. 340; Duranton XIV, n° 427; Rodière et Pont, II. 878.

Contracter des obligations nécessitées par cette même administration;

Vendre ses meubles corporels ou en disposer à titre onéreux quelconque (art. 1449) toujours pour les besoins de son administration;

Procéder au partage conventionnel d'une succession mobilière à laquelle elle est appelée (1).

Sur ces points, pas de difficulté sérieuse.

Mais, comme privée du droit de disposition de son patrimoine, la femme séparée ne peut sans autorisation :

1° Aliéner ses immeubles à titre onéreux ou gratuit, ni les grever de servitudes ou d'hypothèques (art. 1449, 2° alinéa).

2° Transiger sur ses droits immobiliers, ni compromettre sur une contestation quelconque.

3° Ester en justice soit comme demanderesse soit comme défenderesse, quelle que soit l'importance du procès, qu'il touche aux capitaux ou aux revenus.

Sur ces trois points, pas de difficultés non plus.

Ajoutons que par un autre motif, injurieux pour la femme quoiqu'en disent les auteurs, la femme, même séparée, ne peut accepter une donation sans l'autorisation de son mari.

Hors de là, tout est malheureusement controversé dans cette matière importante. Examinons les principales questions :

La femme séparée de biens peut-elle vendre ses meu-

______
(1) Chabot, des successions, sur l'art. 818, n° 9.

bles corporels ou incorporels sans autorisation ?

Je réponds hardiment: Oui En effet, la loi place l'aliénation des objets mobiliers, dans les attributs d'une libre administration : ainsi en est-il pour le tuteur (art. 457, et le mineur émancipé (art. 484.)

Cependant une opinion représentée par des autorités considérables, MM. Demolombe (1) et Marcadé (2) voudrait que l'aliénation mobilière faite par la femme fût annulable, dès l'instant que par son objet et son importance, elle ne présente plus les caractères de simple acte d'administration.

« Ce n'est finalement, dit M. Demolombe que pour cause d'administration, que comme moyen d'administration que la femme a reçu le droit de disposer de son mobilier. Après avoir fait à la sécurité et à la bonne foi des tiers la grande part qui lui est due, je conclus également que si l'acte par lequel la personne vo idrait disposer de son mobilier était néanmoins tel par son caractère, qu'à première vue les tiers dussent certainement reconnaître qu'il ne con-titue pas un acte d'administration, il ne pourrait pas être consenti par e'le sans autorisation. La Cour de C ien, in-p rée sans doute par l'illustre jurisconsulte, semble incliner vers cette théorie (3).

Le système de M. Demolombe me semble dangereux.

(1) M. Demolombe IV. 155,
(2) Marcadé, sur l'article 144', numéro 3.
(3) Caen, 6 mars 1844. — Paris, 28 juin 1851; 27 nov. 1857. — Poitiers, 3 fév. 1858.

Il ferait naître une foule de contestations qui ne seraient vidées que par une appréciation plus ou moins arbitraire. Comment soumettre les tiers qui traitent avec une femme séparée de biens, à la nécessité de s'enquérir des motifs qui la portent à aliéner une partie de son mobilier ? A la nécessité de rechercher si l'importance des effets vendus peut faire supposer qu'il y a, de la part de la femme, un simple acte d'administration ? L'art. 1449 est formel et déroge expressément à l'article 217 : « elle peut disposer de son mobilier et l'aliéner. »

Cette solution nous amène, par voie de conséquence, à décider que la femme séparée de biens peut transiger sur toutes les contestations relatives à ses droits mobiliers, corporels et incorporels ; car pour transiger, il faut avoir « la capacité de disposer des objets compris dans la transaction (art. 2045) » mais cela suffit.

Une seconde question se rattache à la première :

Directement, la femme peut disposer de son mobilier corporel et incorporel, à titre onéreux du moins. Peut-elle aussi en disposer indirectement, c'est-à-dire par voie d'emprunt, d'achat ou autrement?

Oui, évidemment, si elle ne dépasse pas les besoins et les limites d'une sage administration.

Mais au delà de ces besoins et de ces limites ?

L'affirmative fut autrefois l'opinion dominante (1), et voici par quel raisonnement: En thèse générale, il est

(1) Civ, rej. 16 mars 1863; art. Cass. 18 mai 1819; Paris, 3 mars 1832 Taulier, t. V, p. 138.

permis de faire indirectement ce que l'on peut faire directement; l'aliénation indirecte du mobilier par obligation souscrite est donc permise à la femme séparée, aussi bien que l'aliénation directe par vente ou échange.

Cette argumentation pêche par la base : Non, quand je vends mon cheval, je sais à l'instant même quelle sera la conséquence de la vente; quand je m'oblige, je puis m'abuser sur le plus ou le moins de facilité avec laquelle il me sera possible d'exécuter mon engagement : Donc, un engagement est plus dangereux qu'une aliénation immédiate , et demande une plus grande capacité; et dans le système du code, comme l'incapacité de la femme mariée est la règle, l'on comprend très bien que le premier acte lui soit défendu et que le second lui soit permis.

Cette deuxième opinion réunit aujourd'hui le plus grand nombre des suffrages (1).

Donc, elle ne peut s'obliger que pour les besoins de son administration. Le plus souvent le créancier légitime sera un architecte, un charpentier, un maçon avec lesquels elle a traité pour les réparations à faire à ses immeubles, souvent encore ce sera un fournisseur. Leur a-t elle, par cela même, conféré un d oit de poursuite tant sur les meubles que sur les immeubles ?

L'affirmative me paraît incontestab'e; en effet, tous les biens d'un débiteur, meubles ou immeubles sans

(1) M. Valette sur Proudh. 1,463, Rodière et Pont. II, 882, Demolombe IV, p. 163, etc.; civ. cass. 3 janv. 1831 ; Caen, 6 mars, 1844.

distinction, sont affectés au paiement de ses obligations (art. 2092). D'autre part la solution contraire serait une entrave à l'administration de la femme ; son crédit serait presque ruiné d'avance si le créancier devait tout d'abord s'assurer que la valeur du mobilier suffira pour garantir le paiement de sa future créance (1).

On objecte : la femme ne peut aliéner ses immeubles; or, si son obligation était exécutoire sur les biens de cette nature, la femme les aliénerait indirectement sans autorisation.

Je réponds d'un seul mot : qui veut la fin veut les moyens. Or, une administration est impossible si les obligations qui n'en excèdent pas les limites ne sont pas exécutoires sur les biens du débiteur.

Peut-elle hypothéquer ses immeubles pour la garantie d'obligations contractées pour cause d'administration?

Des autorités considérables répondent ; oui: Quiconque est capable de consentir un engagement est capable de consentir l'hypothèque qui n'en est que l'accessoire. Ainsi le mineur commerçant souscrit valablement des obligations pour faits de commerce (art. 2, cod. com.) Il hypothèque valablement ses immeubles. (Art. 6. même cod.). Et cependant il n'est pas capable de les aliéner, sans les formalités légales. On ajoute: sans cette faculté la libre administration que l'article 1447 accorde à la femme rencontrerait de sérieuses difficultés (2).

(1) M. Val sur Poud'h. t. I. p. 465. — M. Demol. t. IV, N° 161.
(2) Toullier t. II. N° 1298. — Zachariæ, t. 1. p. 265.

Le point de départ de ce raisonnement me paraît faux :

Pour hypothéquer un immeuble, il faut être capable de l'aliéner (art, 2124). Or, la femme séparée de biens n'a pas capacité d'aliéner ses immeubles (rt. 1449) Vous invoquez l'article 6 du code de co merce qui permet au mineur d'hypothéquer ses immeubles et vous fondez sur lui toute une théorie. Mais c'est là une exception : Ainsi le tuteur oblige le mineur pour cause d'administration, et cependant, même pour cette cause il ne peut hypothéquer les immeubles de son pupille. Le mineur émancipé, quoique capable de consentir certaines obligations personnelles (art. 482), est incapable de consentir une hypothèque pour garantie de ces mêmes obligations (art. 2126). Du reste, rien de plus naturel que cette prohibition frappant les administrateurs : la capacité d'hypothéquer n'est pas un moyen nécessaire à l'exercice de ce droit, et, en pratique, il est fort rare qu'on en use (1).

La femme, séparée de biens, s'est obligée au-delà des limites de son administration : l'exécution de l'obligation peut-elle être poursuivie sur ses revenus et sur son mobilier ?

La question est fort délicate :

En effet, l'article 217 ne déclare pas la femme incapable de s'obliger; la doctrine y supplée sans doute, mais parceque l'obligation contient une aliénation indirecte

(1) M. Demol. t. IV. N° 162; Proudhon et Valette, t. 11. p. 435, 437.

résultant du droit de poursuite des créanciers. Donc si nous trouvons une hypothèse où la femme puisse aliéner certains biens, l'incap cité de s'obliger cessera quant à ces biens. Cette hypothèse est celle de la femme séparée. Elle peut aliéner son mobilier : par conséquent elle peut contracter des obligations personnelles exécutoires sur le bien. L'argumentation a servi de base à plusieurs arrêts, notamment à un arrêt de cassation du 18 mai 18?9 et à un autre de Paris, du 3 mars 1832.

Le point en litige est celui-ci : La capacité d'aliéner, dans l'espèce, entraîne-t-elle la capacité de s'obliger ?

Et d'abord il est permis de dire que de l'ensemble des dispositions des articles 217, 219, 220, 222, 224, résulte la preuve évidente que le législateur a entendu prohiber l'obligation de la femme, comme tout autre contrat, et que cette solution ne dérive pas seulement de ce que la femme est incapable d'acquérir à titre onéreux, mais d'une prohibition directe. Que disent, en effet, ces articles ? Que la femme a besoin de l'autorisation du mari ou de justice pour *contracter*, pour *passer un acte*; que la femme marchande publique peut, sans autorisation *s'obliger* pour ce qui concerne son négoce; preuve manifeste que la femme non marchande ne peut s'obliger.

L'article 1449 lève l'incapacité d'aliéner le mobilier ; c'est un corollaire du droit d'administration ; il maintient donc, dans l'art. 217, l'incapacité de contracter une obligation qui n'a point pour cause la libre administration. L'incapacité d'aliéner renferme l'incapacité de s'obliger ; mais la capacité d'aliéner n'entraîne pas toujours la capacité de s'obliger ; l'aliénation directe nous dépouille actuellement et nous en mesurons, du premier coup d'œil, toute l'importance ; l'obligation contient seulement « le germe d'un dessaisissement futur et tend souvent un piège à notre confiance. » (1)

La femme séparée de biens peut-elle donner son mobilier sans autorisation ?

On l'a soutenu en se fondant sur l'expression de l'art. 1449, *disposer et aliéner* : ces termes, a-t-on dit, sont génériques et embrassent tant l'aliénation à titre gratuit que l'aliénation à titre onéreux. (2)

Mais à mon sens l'art 905 s'oppose formellement à cette solution : « La femme mariée, y est-il dit, ne pourra donner entre-vifs sans l'assistance ou le consentement de son mari etc. » La disposition du texte est générale et s'applique à toute femme quel que soit son régime matrimonial.

L'art. 1449 n'accorde à la femme le droit de disposer de son mobilier que comme une conséquence et un moyen de libre administration. Or, la donation entre vifs ne saurait être regardée comme un acte d'administration.

Du reste, je concéderais à la femme séparée le droit de faire ces dons modiques qu'on appelle présents ou cadeaux et qui se prennent sur les revenus (arg. de l'art. 852.) (3)

<hr>

(1) M. Demol. t. IV. n° 163 — Val. sur Proudhon. t. 1. page 463.
(2) Delvincourt sur l'art 905.
(3) Demol. t. IV n° 150 — Zachariæ t. IV p. 347.

La femme séparée de biens peut-elle acquérir à titre onéreux des meubles ou des immeubles ?

A l'égard des meubles, évidemment, il n'est pas question ici des meubles meublants ou à l'usage de la personne : la femme qui les achète fait des actes de pure administration. Mais pourrait-elle acheter des rentes sur l'Etat, des obligations de chemin de fer et autres compagnies industrielles ?

La question se pose la même à l'égard des immeubles. Je crois qu'il faut faire une distinction : toutes les fois que nous rencontrerons dans l'acquisition, soit de meubles, soit d'immeubles, un placement de revenus, ou même de capitaux, nous la déclarerons valable ; car, si la femme recouvre son argent, il faut bien qu'elle en fasse emploi (1).

Toutes les fois, au contraire, que nous rencontrerons dans l'acquisition autre chose qu'un placement de revenus ou de capitaux, l'autorisation sera nécessaire. En autres termes, la femme séparée peut acheter au comptant ; elle ne le peut à crédit.

Cette solution fait un peu violence, je le reconnais, à l'art. 217, qui déclare la femme, même séparée, incapable d'acquérir à titre gratuit ou onéreux. C'est la règle, dit-on, et l'on ne trouve dans le Code aucun texte qui y déroge. Je crois cependant que l'art. 1449 contient implicitement cette dérogation. En effet, la femme séparée peut et doit administrer ses biens ; or, tout administrateur peut et doit faire le placement de

(1) Demol. t. IV. p. 157. — *Zachariæ.* t. IV, p. 347.

ses capitaux. C'est ainsi que le tuteur datif ou testamentaire (art. 455) est tenu, dans un certain délai, d'employer l'excédant des revenus du mineur sur la dépense, quand ces revenus ont atteint un certain chiffre déterminé par le conseil de famille. Or, cet emploi porte valablement sur des valeurs commerciales ou industrielles, même sur des immeubles.

Le mari administrateur des biens personnels de la femme ne peut, il est vrai, faire le remploi de ses immeubles sans son concours (art. 1435). Mais remarquons la différence : le mari administre la fortune d'autrui, la femme séparée la sienne propre. Alors s'explique fort bien, dit M. Domolombe (1), les pouvoirs plus étendus que l'administration, même restant toujours telle , a pu recevoir dans ses mains.

Pourrait-elle placer ses capitaux en achat d'une rente viagère ou d'un usufruit ?

La raison de douter est que l'acquisition d'une rente viagère ou d'un usufruit emporte l'aliénation sans retour du capital qui en forme le prix. Or, dit-on, il est bien difficile de considérer un tel acte comme un ac e d'administration.

Je suis porté cependant à me prononcer pour l'affirmative. Du moment où nous partons de ce principe que la femme a droit de placer ses capitaux, tant meubles qu'immeubles, si la loi ne lui impose pas l'obligation de faire un emploi déterminé, nous devons lui permettre

______

(1) Dem. t. IV, n° 15

de choisir le mode qui lui paraît le plus utile à ses intérêts; et elle est seule juge de cet intérêt.

L'acquisition d'un usufruit, d'une rente viagère, ne peut léser que ses héritiers; or, par son testament elle aurait droit de les dépouiller.

La femme séparée de biens peut-elle compromettre sur les difficultés relatives à l'administration de ses revenus et de son mobilier?

Je ne le crois pas : On ne peut compromettre sur aucune des contestations qui seraient sujettes à communication au ministère public (Art. 1004, Pr.); or, les causes des femmes non autorisées de leur mari, sont communicables (art. 83, C. Pr.).

Telle est, en bloc, la capacité de la femme séparée de biens : Elle contient, nous l'avons déjà dit, une exception très considérable à l'autorisation maritale. Mais celle-ci ne prend-elle pas sa revanche en un certain point ? C'est par l'examen de cette question que nous en finirons avec ce sujet.

La femme séparée est tenue de contribuer proportionnellement à ses facultés et à celles du mari, aux dépenses du ménage et aux frais d'éducation des enfants communs, et même de les supporter entièrement s'il ne reste plus de fortune au mari. (Art. 1448 *in fine*).

Celui-ci peut-il exiger de la femme, pour sûreté de ses obligations, une garantie quelconque?

Il est bien entendu que nous supposons une femme agissant dans les limites de sa capacité.

Eh bien ! je l'avoue, je ne rencontre dans les textes aucune disposition qui permette de répondre par l'affirmative.

On dit : La femme se trouve avoir à sa disposition un capital de 100,000 fr. à placer : c'est son unique fortune : et elle se dispose à jeter cet avoir dans une entreprise industrielle qui n'offre aucune garantie ; ne faut-il pas que le mari puisse intervenir et donner au placement une direction plus sûre ? Est-il possible qu'on oblige le mari, quelque soit le régime matrimonial, à rester le spectateur indifférent et le témoin impassible de la ruine de sa femme ? Est-ce qu'ils n'ont pas contracté ensemble l'obligation de nourrir, élever, entretenir les enfants communs ? (art. 212).

Je réponds : Est-ce qu'on ne voit pas tous les jours des maris se ruiner en mauvais placements et avec eux leur famille ? Pourquoi alors la femme ne pourrait-elle pas imposer au mari une sûreté quelconque ? La femme a contracté envers le mari l'obligation de nourrir, d'entretenir les enfants communs : Le mari a contracté la même obligation envers la femme. La femme doit des aliments au mari, le mari doit des aliments à la femme. Et pourquoi dès lors la femme ne pourrait-elle pas dire : Vous voulez faire un placement que je crois dangereux ; j'exige des garanties ?

Que l'on concède ce droit à la femme ! Je le concèderai au mari. Non, presque partout, l'homme se trouve dans une condition juridique meilleure que celle de la femme. Comme par mégarde, dans un seul régime, la loi n'en-

lève pas à cette dernière l'administration de ses biens.
Jurisconsultes, ne soyons pas plus sévères que la loi
elle-même, et ne cherchons pas à rogner encore à la
femme un misérable reste de capacité.

Au surplus remarquons que le mari est fondé à demander que la femme verse directement dans ses mains
la somme pour laquelle elle doit chaque année contribuer aux dépenses du ménage et aux frais d'éducation
des enfants. Cependant pour des causes dont les tribunaux sont souverains appréciateurs, la femme peut obtenir de la justice l'autorisation de payer directement les
fournisseurs, les maîtres et autres créanciers du ménage (1).

RÉGIME EXCLUSIF DE LA COMMUNAUTÉ.

Au mari appartiennent l'administration et la jouissance des biens de la femme (art. 1531.) Le patrimoine
de celle-ci ne saurait s'accroître, car il n'y a pas de communauté et sa non-diminution n'est pas garantie, comme
dans le régime dotal, par l'inaliénabilité.

Les conventions matrimoniales, peuvent, du reste,
laisser à la femme une certaine latitude, mais de peu
d'étendue, car si elle avait stipulé qu'elle conserverait
l'administration et jouissance de son patrimoine, le régime serait celui de la séparation de biens.

Rien ne s'oppose, dit l'art. 1534 « à ce qu'il soit convenu que la femme touchera annuellement, sur ses

(1) Rodière et Pont, II, 875. Req. Rej. 6 mai 1835. Caen, 8 avr. 1851.

seules quittances. certaines portions de ses revenus pour son entretien et ses besoins personnels. »

Ainsi la femme pourrait se réserver le droit de percevoir les revenus de tel fonds, les intérêts de telle créance. Si elle s'en réserve en même temps l'administration, le régime adopté est mixte, il y a partie exclusion de communauté, partie séparation de biens; ce qui est parfaitement licite (art. 1387.)

C'est encore là un échec à l'autorisation maritale mais moins grave que dans le régime précédent. En effet, avec la séparation de biens, le conflit entre le d oit de la femme et l'autorisation maritale est forcé et constant ; avec le régime exclusif de communauté, ce conflit n'est qu'une exception.

RÉGIME DOTAL.

Jusqu'ici nous n'avons rencontré chez la femme qu'une incapacité, celle de disposer de ses biens sans l'autorisation de son mari. Sous le régime dotal nous en trouvons une nouvelle ; elle ne peut aliéner certains biens, même avec l'autorisation de son mari.

Du reste l'inaliénabilité du fonds dotal (art. 1554) et l'incapacité de la femme mariée résultant du défaut d'autorisation sont essentiellement distinctes :

La première repose sur l'idée d'assurer à la famille la conservation des biens de la femme.

Nous avons désespéré de trouver le fondement de la seconde ; il n'est certainement pas celui que nous venons de donner à l'inaliénabilité.

L'autorisation maritale ne suffit donc plus : fut-elle mille fois autorisée de son mari, la femme est incapable d'aliéner ses biens dotaux.

Deux mots seulement sur cette inaliénabilité.

Elle porte sur les biens dotaux : les paraphernaux restent inaliénables. (art. 1554)

Et par biens dotaux, j'entends ici d'abord les immeubles (art. 1554), et d'autre part la créance en restitution de la dot que la femme a contre son mari. La femme pourra donc, autorisée de son mari, aliéner les effets mobiliers, corporels ou incorporels, individuellement ; le mari, d'après la jurisprudence, a seul cette capacité et tout droit de revendication des effets livrés leur sera interdit.

Mais la femme ne pourrait céder à un tiers, en tout ou en partie, la créance qu'elle a contre son mari en restitution de sa dot, ni subroger un tiers dans l'effet de son hypothèque légale sur les immeubles de son mari.

Dans cinq cas l'immeuble dotal peut être aliéné avec permission de justice : Pour tirer de prison le mari et la femme ;

Pour fournir des aliments à la famille dans les cas prévus par les articles 203, 205 et 206 au titre du mariage;

Pour payer les dettes de la femme ou de ceux qui ont constitué la dot, lorsque ces dettes ont date certaine antérieure au contrat de mariage.

Pour faire de grosses réparations indispensables à la conservation de l'immeuble dotal.

Enfin, lorsqu'il est indivis avec des tiers et qu'il est reconnu impartageable (art. 1558).

Ajoutons un sixième cas : celui de l'échange (art. 1559).

L'autorisation de justice ne supplée pas celle du mari, elle est exigée comme garantie. Si le mari refusait son autorisation, la femme s'adressant à la justice devrait obtenir d'elle une double autorisation ; l'une pour remplacer le consentement du mari, l'autre pour lever l'inaliénabilité.

Il y a deux manières de rendre un bien inaliénable ; ou frapper le propriétaire d'incapacité personnelle, ou déclarer l'immeuble indisponible réellement.

Si l'immeuble dotal est inaliénable, est-ce à raison de l'incapacité personnelle de la femme mariée sous ce régime, ou bien est-ce à raison de l'indisponibilité de l'immeuble ?

Sans discuter cette question, qui est débattue, je pense qu'il faut rattacher l'inaliénabilité à une incapacité personnelle dont la loi frappe la femme sous le régime dotal.

L'administration et la jouissance des paraphernaux lui restent ; c'est un nouvel échec à l'autorisation maritale, cette administration et jouissance est analogue à celle de la femme séparée de biens.

L'art. 1576 ne lui donne pas le droit d'aliéner son mobilier paraphernal ; n'a-t-elle pas ce droit ? Le rapprochement des articles 1449, 1536 et 1538 prouve clairement que le législateur considère l'aliénation des meubles comme rentrant pour la femme mariée, dans les limites de l'administration ; l'art. 1576 ne vise que l'aliénation des immeubles, seule interdite à la femme. Du reste, elle peut donner mandat au mari d'administrer les paraphernaux. Le mari est tenu alors de sa faute *in abstracto*; sa responsabilité est déterminée par les articles 1577 et suivants.

Nous venons de passer en revue la capacité de la femme sous les divers régimes matrimoniaux. Jetons un coup d'œil sur la capacité de la femme marchande publique.

FEMME MARIÉE MARCHANDE PUBLIQUE.

(Cod. Nap. art. 220. — Cod. comm., art. 4, 5, 7.)

Il s'agit de la femme *commerçante*.

Elle n'est réputée telle qu'à la condition d'avoir un commerce propre à elle même, distinct de celui de son mari (art. 220, C. N. et 5, C. Com.) En effet, quand le mari est commerçant et que la femme détaille les marchandises, le premier seul est en scène, la femme s'efface; et si elle tient le comptoir pour vendre, si elle-même signe des factures ou des billets, elle n'agit que comme mandataire de son mari : c'est une fille de boutique. La conséquence en est qu'elle ne saurait, dans ces circonstances, être déclarée en faillite (1).

Si le mari n'est pas commerçant et que la femme tient, en son propre nom, un négoce, pas de difficulté, elle est bien commerçante; mais s'il fait lui-même le commerce, la femme ne pourrait-elle faire aussi un commerce identique ? L'article 235 de la coutume de Paris semblait lui refuser ce droit : « Elle est réputée marchande publique quand elle fait marchandise séparée et autre que celle de son mari. » Mais la loi actuelle se borne à exiger que le commerce de la femme soit séparé de celui du mari. Il suffit qu'il y ait deux commerces distincts quoiqu'existant côte à côte.

Pour être marchande publique, la femme a besoin de l'autorisation de son mari; s'il la refuse ou se trouve

____
(1) M. Demol, t. IV, n° 199.

dans l'impossibilité de manifester sa volonté, la justice a-t-elle qualité pour y suppléer?

Une opinion (1) soutient la négative de la façon la plus absolue; car l'autorisation du mari est la règle, celle de la justice l'exception; l'exception ne doit donc exister que dans les cas formellement prévus par la loi; or, la loi donne au tribunal le droit de suppléer l'autorisation, du mari seulement pour ester en jugement (Art. 218), pour faire *un acte* (Art. 219); or, le commerce suppose une série, une infinité d'actes. Enfin l'article 4 (C. com.) dispose que la femme ne peut être marchande publique sans le consentement de son mari.

Ce système conduit à une conséquence rigoureuse ; il empêche une femme dont le mari est interdit, absent, de faire un commerce nécessaire aux besoins de la famille; aussi, la jurisprudence de la Cour de Paris reconnaît-elle à la justice le droit d'autoriser la femme quand le mari se trouve dans l'impossibilité de donner cette autorisation, et même, en cas de refus du mari, quand les époux sont séparés de biens (Paris, 7 juillet 1860).

La solution de la Cour de Paris est très équitable, mais arbitraire. Elle a produit des distinctions nombreuses qui doivent la faire rejeter comme non conforme aux textes.

Le consentement du mari est donc nécessaire à la femme pour faire le commerce (art. 4 Cod. comm.). Du reste, ce consentement peut résulter de toute circons-

(1) M. Duverger à son cours. — Bravard, droit commercial, p. 17.

tance ; il n'importe qu'il soit exprès ou tacite, qu'il résulte d'un écrit ou du concours du mari dans un ou plusieurs actes (art. 4 Cod. comm). Le point de savoir si le mari a donné oui ou non son consentement, est une question de fait dont les magistrats sont appréciateurs : ils se demanderont si le mari était sur les lieux, si le commerce de la femme était notoire, et concilieront l'intérêt du mari qui ne doit pas se voir obligé par les actes commerciaux faits par sa femme à son insu, avec ceux des tiers qui ne doivent pas être les dupes d'un concert frauduleux entre les époux.

Les tiers seraient admis à prouver par témoins que le mari a connu le négoce de sa femme.

Nous verrons plus loin que la validité d'un pareil consentement, hors la matière qui nous occupe, est contestée.

Une particularité très remarquable de l'autorisation de faire le commerce consiste en ce qu'elle est générale : c'est une dérogation au principe de la spécialité porté en l'art. 223.

Le consentement donné à la femme de faire le commerce embrasse l'ensemble des opérations commerciales. La femme peut donc acheter, vendre en gros ou en détail les articles de son négoce, faire des effets de commerce contre les tiers, les signer ou accepter, et même s'obliger par acte notarié, grever ses immeubles d'hypothèques, les aliéner.

Cependant elle ne peut ester en justice sans l'autori-

sation (art 215.) La capacité de la femme commerçante
n'existe qu'en ce qui concerne son négoce. Ici s'élève
une grande difficulté.

Dans le doute sur la nature d'un acte fait par la femme commerçante, doit-on en présumer la commercialité (1, ?

Deux systèmes radicaux et un troisième intermédiaire sont en présence:

1er système: La commercialité des emprunts, notoriés ou non, constitutions d'hypothèque, aliénations faites par la femme commerçante, ne se présume pas; c'est aux tiers à la prouver (2).

2e système: Cette commercialité se présume ; c'est par conséquent à ceux qui prétendent qu'elle n'existe pas à en faire la preuve (3).

3e système : Il faut distinguer entre les billets et les aliénations; les billets sont présumés commerciaux et les aliénations non commerciales. Au rang des aliénations il faut mettre les emprunts consentis par acte notarié (4).

La question ne saurait s'élever à l'égard des actes qui sont de leur nature commerciaux et auxquels leur forme attribue, par elle seule, une cause commerciale. Point de doute, par exemple, que la femme qui souscrit des

(1) M. Acollas, manuel de droit civil, t. 1, page 250.
(2 Pardessus, droit commercial, t. 1. nos 61 et 71.
(3) M Demol, t. IV, nos 300 à 304,
(4) M. Duranton, traité des contrats, t. 1. no 238.

lettres de change ou des billets à ordre ne soit réputée s'obliger pour ce qui concerne son négoce (art. 632, code com'n.)(1). D'autre part, si la femme avait déclaré que l'acte est relatif à son commerce, cette déclaration, faite dans l'acte, suffit à l'égard des tiers pour que l'acte soit présumé le concerner; c'est dans ces limites que doit se circonscrire notre question.

Quelle est l'argumentation du premier système? La capacité de la femme commerçante est l'exception. Trouve-t-on dans les textes une présomptiom de commercialité des actes faits par la femme commerçante ? Non : au contraire, les textes disent bien haut que si la femme commerçante est capable, c'est uniquement dans l'intérêt de son négoce (art. 220, code Nap. et 5 code comm). Or, à ceux là de faire la preuve qui prétendent avoir traité avec une femme agissant dans cet intérêt.

Le second système répond : La présomption, on la rencontre dans deux textes: 1° l'art. 7 du code de commerce: « Les femmes marchandes publiques peuvent engager, hypothèquer et aliéner leur immeubles.» Pas un mot de plus. N'est-ce pas dire implicitement que ces actes, quand ils émanent d'une femme commerçante sont réputés faits pour son négoce? Et 2° l'art. 638 du même code : « Les billets souscrits par un commerçant sont censés faits pour son commerce. »

On objecte : mais l'art. 638 se trouve sous cette rubrique : « De la compétence des tribunaux de commerce. » Il attribue aux juges de commerce les contes-

(1) M. Demol. T. IV, n° 300.

tations relatives aux billets souscrits par un commerçant:
il ne règle donc qu'une question de compétence.

Je réponds : Pourquoi cette compétence? Justement
parce que les billets souscrits par un commerçant sont
commerciaux. Or la femme est bien commerçante.

Le système intermédiaire fait reposer sa distinction
entre les billets et les autres actes civils sur ce même
article 638. Ce texte, en effet, laisse de côté les constitutions d'antichrèse, d'hypothèque, les emprunts par
acte notarié, les aliénations.

J'avoue que pour ces derniers actes, les plus graves
certainement, nous n'avons pas de disposition de loi
bien précise. J'ai toutefois signalé l'article 7 (Cod. com.)
qui ne distingue pas.

De plus, en raison, est-il possible d'imposer aux tiers
l'obligation de prouver que l'acte consenti par la femme
a pour cause son commerce? Comment se procureront-
ils cette preuve que plus tard ils devront fournir? « Fau-
dra-il, remarque M. Demolombe, que la femme leur
montre ses livres, sa correspondance, sa caisse? »

Dira-t-on qu'on ne fait pas d'actes commerciaux devant
notaire? La question n'est pas là : il ne s'agit pas de
savoir si l'acte notarié consenti par la femme est préci-
sément commercial, mais bien *s'il concerne son négoce.*
Elle vend son immeuble; c'est un acte civil, mais il
est valable si elle doit en employer le prix à son commerce (1) ; il est très raisonnable de le présumer.

(1) M. Demol., T. IV, n° 301.

Du reste, je n'irais pas, comme la cour de cassation (1), jusqu'à maintenir la vente d'un immeuble, à charge de rente viagère, par la femme marchande publique, sans autorisation. Cet acte, à première vue, démontre par lui-même qu'il n'est pas relatif au commerce de la femme.

Les gains f its par la femme dans son commerce lui restent-ils en propre? Sous le régime de la communauté, ils deviennent communs. Sous le régime de la séparation de biens, la solution contraire est évidente.

Mais *quid*? Sous le régime exclusif de communauté ou sous le régime dotal?

Et d'abord il est certain que le mari a droit aux intérêts des bénéfices; mais n'a-t-il pas droit aussi aux capitaux?

La question revient à ceci :

Doit-on considérer les produits d'une industrie comme des fruits dont l'industrie elle-même serait le capital? Si oui, le mari a droit à tous ces produits. Si non, il n'a droit qu'aux intérêts.

L'affirmative pourrait convenir à un économiste; elle ne saurait être le système d'un jurisconsulte.

En effet, si l'on étudie de près les textes, on voit que dans la communauté tombent non seulement les revenus des époux, mais aussi les produits de l'industrie (Art. 1498) de chacun d'eux. Dans la main du mari non commun tombent seulement les *fruits* des biens de la femme (Art. 1530).

(1) Cass., 8 septembre 1814 ; Sirey, 1815, I, 39.

Si les produits de l'industrie de la femme tombent en communauté, c'est que celle-ci et le mari sont responsables des dettes de la femme (Art. 220, Cod. Nap.).

Le mari non commun n'encourt jamais cette responsabilité. Il ne faut pas qu'il ait l'*emolumentum* sans subir l'*onus*?

En droit, quand la loi a-t-elle jamais appelé *bien* un talent, une industrie, un commun? Nos adversaires nous diront-ils quelle est la nature de ce bien? Est-ce un meuble ou un immeuble? Est-il susceptible d'hypothèque? L'article 1833 qui décide que dans une société chaque associé doit apporter ou de l'*argent* ou *d'autres biens* ou *son industrie,* ne prouve-t-il pas que l'industrie n'est pas considérée légalement comme un bien?

Le bien, ce sera le produit de l'industrie; il est le capital propre de la femme qui l'a acquis sous le régime exclusif de communauté; et le mari a droit seulement à l'administration et aux intérêts.

La solution est la même en ce qui concerne la femme dotale.

CARACTÈRE DE L'AUTORISATION MARITALE.

Elle doit être spéciale (art. 223). « Toute autorisation générale, même stipulée par contrat de mariage, n'est valable que quand à l'administration des biens de la femme. »

Cet article est elliptique.

Il semble dire que dans un cas au moins, il serait possible que le mari donnât à sa femme une autorisation générale d'administrer. Or, ce cas est introuvable. En effet, l'autorisation générale peut porter sur l'administration ou sur la disposition des biens ; elle peut être donnée par contrat de mariage ou pendant le mariage. Supposons qu'elle porte sur l'administration des biens : par contrat de mariage, elle est irrévocable et son étendue varie suivant le régime matrimonial. Mais à quoi bon ici uneautorisation? La femme n'en a pas besoin ; elle n'a qu'à se réserver le droit d'administration. Pendant le mariage, c'est un mandat révocable au gré du mari et qui n'oblige que le mandant. Supposons maintenant qu'elle porte sur la disposition des biens : donnée par contrat de mariage elle est nulle ; la loi y voit une abdication de la puissance maritale (art. 1388). Donnée pendant le mariage, elle est nulle encore pour le même motif (art. 1538).

En résumé, l'art. 223 revient à prohiber toute autorisation générale, même d'administration des biens de la femme.

L'autorisation devra donc être spéciale : reste la question de savoir ce qu'il faut entendre par ce mot.

Et d'abord en ce qui concerne les actes judiciaires, la femme autorisée à plaider ne peut transiger, car transiger c'est le contraire de plaider. Pour le même motif, elle ne peut acquiescer, ni se désister, ni déférer le serment décisoire qui est une offre de transaction. Mais elle aurait droit d'accepter un serment ou de faire un aveu, car ces actes sont des moyens de preuve.

La femme autorisée à ester en jugement est-elle suffisamment autorisée à suivre tous les degrès de juridiction et à employer toutes les voies de recours dans l'affaire pour laquelle l'autorisation lui a été accordée? Si elle a été autorisée dans des termes absolus et indéfinis à soutenir la lutte jusqu'au bout et par toutes les voies légales, rien ne s'oppose à ce que, après le procès-verbal de non conciliation, elle ne puisse sans nouvelle autorisation plaider en première instance, de là en appel, et enfin devant la Cour de cassation ; car l'autorisation est spéciale pour l'instance dont il s'agit (1).

Mais si elle a été donnée en termes généraux, par exemple, pour soutenir tel procès, pour former telle demande ?

Les auteurs ne sont pas d'accord :

Une première opinion exige une autorisation nouvelle pour chaque degré de juridiction. Il peut être utile d'examiner et de délibérer sur le point de savoir s'il convient de soutenir encore le procès devant une juridiction supérieure et différente : donc le mari doit être consulté (2).

Une seconde opinion distingue :

Si la femme a perdu en première instance, nouvelle

(1) Poitiers, 11 mai 1825. — Cass. 2 août 1820.
(2) Zach., Aubry et Rau. t. IV. p. 139.

autorisation pour aller en appel. Si elle a gagné en première instance, pas besoin de nouve'le autorisation; le procès était bon ; il faut présumer l'autorisation. Du reste il en est ainsi des communes. Elles ont besoin d'une autorisation nouvelle du Conseil de Préfecture pour interjeter appel; elles n'en ont pas besoin pour défendre à l'appel interjeté contre elles (1).

Enfin, un troisième système distingue entre les voies ordinaires et les voies extraordinaires pour attaquer les jugements. L'autorisation habilite la femme à employer toutes les voies ordinaires, même comme demanderesse. Ainsi elle peut former opposition, interjeter appel sans autorisation nouvelle; mais une autorisation est exigée pour les voies extraordinaires ; la tierce-opposition, la requête civile, la prise à partie ; et quoique la question soit plus délicate, pour le pourvoi en cassation (2). Ajoutons que l'autorisation habilite la femme pour tous les actes accessoires et pour toutes les suites de l'acte principal auquel elle s'applique. Ainsi l'autorisation de poursuivre une demande en séparation de biens comprend celle de poursuivre l'exécution du jugement qui la prononce.

De même, la femme autorisée à poursuivre un partage, est par cela seul autorisée à toucher sa part dans le prix de la licitation (3); et la femme autorisée

(1) Merlin, *Quest. de Droit*, T. VIII. V⁰ Plaider-Cass. 4 mai 1840.
(2) M. Demol. t. IV, N⁰ 388.
(3) Poitiers, 28 février 1833.

à provoquer une licitation, l'est aussi à provoquer une surenchère (1).

Quant aux actes extra judiciaires, il faut d'abord qu'ils soient déterminés quant à leur nature. Si le mari autorisait sa femme à faire pendant son absence tous les actes utiles ou nécessaires à la gestion de ses biens, évidemment l'autorisation serait générale et par conséquent nulle. Il faut donc tout au moins que la nature des actes, donation, vente, acquisition, emprunt, soit spécifiée.

Et même cela est-il suffisant? Si le mari avait autorisé sa femme à donner, vendre, acquérir, emprunter, l'autorisation en droit, serait-elle spéciale?

En ce qui concerne l'aliénation, l'on peut répondre avec certitude, non ! « Toute autorisation d'aliéner les immeubles, donnée à la femme, soit par contrat de mariage, soit depuis, est nulle » (art. 1538.) Il faut en dire autant des acquisitions et emprunts (2.) Là, est la limite : et l'indication des objets sur lesquels porte l'aliénation, des sommes jusqu'à concurrence desquelles la femme pourra acquérir ou emprunter, rend l'autorisation suffisamment spéciale ; ces actes, la femme pourra les faire quand et comme elle voudra. En effet, qu'est-ce qu'une autorisation générale? L'art. 1538 répond à la question : en ce qui concerne les immeubles appartenant à la femme

____

(1) Cass. 20 juillet 1835.
(2) M. Demol. t. IV, nᵒˢ 205. 206 et 207 — Zachariæ, t. IV page 132. Metz 31 janvier 1850 — Caen, 27 janvier 1851.

c'est celle « *de les aliéner* » sans plus de précision. Donc, des là que l'immeuble à aliéner est déterminé, l'autorisation devient spéciale. On argumente des articles 1781 et 1988 pour corroborer ce système ; ils donnent la définition du mandat général : « C'est celui qui embrasse toutes les affaires du mandant. » Or, il s'agit ici de telle affaire seulement de la femme. Je ne veux pas tirer parti de cet argument ; j'avoue sa faiblesse. Le mandat d'aliéner les immeubles est certainement spécial d'après la définition de nos artic'es; l'autorisation d'aliéner les immeubles est générale.

Une opinion très considérable (1) ne reconnaît comme suffisamment spéciale que l'autorisation donnée en vue d'un acte à passer, d'abord dans les termes ci-dessus, et de plus avec détermination de l'époque de sa passation et après examen des principales conditions. A l'appui de cette proposition, l'on dit :

1° L'autorisation qui laisse à la femme la latitude du premier système est une renonciation à l'autorité maritale, une dispense d'autorisation pour le cas ou il plairait à la femme d'aliéner à sa guise.

2° Quand c'est la justice qui autorise, elle ne le doit faire qu'après appréciation des conditions et de toutes les clauses et circonst nces de l'affaire; or, l'autorisation de justice ne fait que remplacer celle du mari.

Au premier argument je réponds : vouloir qu'un mari ne puisse volontairement permettre à sa femme

(1) M. Demol, t. IV, no 207.

d'aliéner tel immeuble en lui laissant le soin de fixer l'époque et les conditions de l'aliénation sous prétexte qu'il abdiquerait la puissance maritale, c'est faire de cette puissance une tyrannie à charge aux maris eux-mêmes et qui n'a pu être dans l'esprit de la loi.

Au deuxième argument ; l'on comprend très bien que la justice autorise seulement après s'être rendu compte des conditions et circonstances de l'affaire ; car la justice n'est appelée à autoriser la femme, que dans le cas où le mari refuse l'autorisation ou se trouve dans l'impossibilité de l'accorder.

Au cas de refus, le tribunal qui doit se demander si le mari n'avait pas de justes raisons pour refuser Il bat en brèche l'autorité maritale, et c'est pour cela qu'il ne doit user de ce pouvoir qu'avec circonspection et après examen. Au cas d'impossibilité pour le mari de manifester sa volonté, la justice est une délégation tacite. Or, un blanc-seing le mari seul peut le donner à sa femme en connaissance de cause, le tribunal ne le donnerait pas sans danger ; car la femme paraît peut-être pour la première fois devant lui, et rien n'atteste la capacité.

Qui donne l'autorisation ?

En première ligne le mari (art. 215, 217, 220) ; s'il refuse ou s'il se trouve dans l'impossibilité de donner son consentement, c'est à la justice que la femme doit s'dresser (art, 218, 219, 221, 222, 224.) La justice n'a donc à intervenir qu'à défaut du mari.

Le fondement de la suppléance de la justice est il dans la protection que la société doit aux incapables

et qu'elle accorde aux mineurs, aux interdits art. 457
à 459; 503), à l'imbécile, au prodigue (art. 499 et
513); c'est ce qui paraît vraisemblable; cela est cependant inadmissible en présence de la capacité absolue de la femme non mariée et majeure.

Quoiqu'il en soit l'autorisation de la justice remplace
celle du mari dans deux cas : 1° Lorsque celui-ci r fuse
d'autoriser sa femme à ester en jugement (art. 218),
ou passer un acte (art. 219); 2° lorsqu'il est dans l'im-
possibil té d'accorder à sa femme l'autorisation (art. 221
222, 224).

1° *Refus du mari* (C. Napoléon. art. 218, 219, puis
861, 862). — Il faut supposer un refus injuste. C'est
pour ce motif que la femme doit d'abord lui faire
sommation ; sur le refus par lui fait, adresser requête
au président qui rend une ordonnance portant permission de citer le mari, à jour indiqué, en la chambre du conseil, pour déduire les causes de son refus
(art. 861); et le mari entendu ou faute par lui de se
présenter, il est rendu, sur les conclusions du ministère public (art. 83 et 861. Pr.), jugement qui statue
sur la demande, en audience publique.

Cette procédure ne résulte des textes que pour la
demande d'ester en jugement (art. 218 C. Nap. et
861, 862 Pr.); la procédure de la demande de passer un acte semblerait différer un peu (art. 219, Cod.
Nap.). On tombe d'accord cependant pour décider
qu'elle est la même.

Lorsqu'il s'agit de l'autorisation de plaider et que la femme est défenderesse, le demandeur, nous l'avons dit plus haut, doit assigner la femme et en même temps le mari. Si celui-ci refuse, le demandeur prend des conclusions pour que la femme soit autorisée ; le tribunal prononce sur ce chef par le dispositif du jugement qui statue sur la demande principale.

Quel est le tribunal compétent ?

S'il s'agit d'autoriser la femme *à passer un acte* (art. 219), le tribunal compétent est celui de l'arrondissement du domicile commun. Si les époux sont séparés de corps, le tribunal compétent est celui du mari défendeur. S'il s'agit d'autoriser la femme à plaider, il faut distinguer : La femme est-elle demanderesse ? la règle est la même que pour obtenir l'autorisation de passer un acte. Est-elle défenderesse ? comme le demandeur doit assigner le mari en même temps que la femme, le tribunal compétent pour autoriser est celui devant qui l'affaire est portée.

2° Le mari est dans l'impossibilité physique ou légale de donner l'autorisation.

Ces cas d'impossibilité sont :

1° La condamnation portant peine afflictive ou infamante (art. 221).

2° L'absence du mari (art. 222, Code Nap., et 863 C. Pr.).

3° Son interdiction (art. 222).

4° Sa minorité (art. 224).

1° *Condamnation emportant peine afflictive ou infamante.* — Le droit d'autorisation maritale est donc considéré comme un droit civique et honorifique. Le mari quoique condamné seulement par contumace, en est privé pendant la durée de la peine (art. 221). La justice le remplace et elle peut donner l'autorisation sans que le mari ait été entendu ni appelé.

Les condamnations emportant peine afflictive ou infamante sont, dans l'ordre des peines de droit commun : la mort, les travaux forcés à perpétuité et à temps, la réclusion ; dans l'ordre des peines politiques : la déportation dans une enceinte fortifiée ou simple, la détention, le bannissement et la dégradation civique (Code pénal, art. 7 et 8).

Pour la dégradation civique, une difficulté s'est élevée : C'est une peine infamante, mais elle est perpétuelle, qu'elle soit prononcée comme peine principale ou qu'elle soit le résultat d'une autre peine temporaire. Or, aux termes de l'article 221, la déchéance du droit d'autorisation n'est encourue par le mari que *pendant la durée de la peine.* La conciliation la plus simple des deux articles est de détruire la conséquence que l'on pourrait tirer de l'article 221 et de décider que la dégradation civique n'entraîne pas privation du droit d'autoriser la femme à ester en jugement ou à contracter. Cette solution est commandée par l'article 34 du Code pénal qui énumère les

droits dont est privé le dégradé civiquement, et omet
la déchéance du droit d'autorisation.

Si ce motif est admis, il entraîne cette conséquence
que l'autorisation n'est pas l'exercice d'un droit de
tutelle, car le dégradé civiquement est privé de tout
droit de tutelle et curatelle (art 34, C. pén.).

Le condamné par contumace est déchu du droit
d'autorisation non point *pendant la durée de la peine*,
mais pendant la durée de la contumace, c'est-à-dire,
jusqu'à la prescription de la peine.

2° *Absence du mari* (C. Nap., art. 222 ; Code pénal
art. 863). — Si l'absence est présumée ou déclarée
pas de difficulté, la femme adresse requête au président du tribunal qui ordonne la communication au
ministère public, et commet un juge pour faire son
rapport au jour indiqué (Cod. pén., art 863). En cas
de non présence, c'est-à-dire quand le mari est éloi-
gné, mais certainement vivant, la justice peut-elle
autoriser la femme ? Les articles 222 et 563 ne visent
pas cette hypothèse et des auteurs soutiennent que la
femme doit attendre le retour de son mari ou lui demander son autorisation par lettre (1).

D'autres soutiennent, conformément à la doctrine de
Pothier (1) qu'en cas d'urgence, la justice peut autoriser la femme (2).

3° *Interdiction du mari* (C. Nap. art. 222, C. P.
art. 864).

(1) Marc. T. I, p. 232. Aubry et Rau T. IV, p. 129, note 34.
(1) Pothier. *De la Puissance du Mari*, no 127.
(2) M. Demol. T. IV, p. 264. Durant : t. II. p. 506 ; Cass. 15 mars 1837.

Deux hypothèses : 1° La femme a été nommée tutrice ; elle agit en cette qualité relativement aux biens du mari et de la communauté, et n'est soumise à l'autorisation de justice que dans la mesure où un tuteur ordinaire s'y trouve soumis. Quant à ses biens personnels, si, d'après les conventions matrimoniales le mari en avait l'administration et la jouissance, la femme aura cette administration et cette jouissance pour le compte du mari et en son nom. Si l'administration et la jouissance appartenaient à la femme, la femme évidemment les conserve. Mais quant à la nue propriété de ses propres, aux termes de l'article 222, la femme pour en disposer, doit obtenir l'autorisation de la justice.

2ᵉ Hypothèse : La femme n'a pas été nommée tutrice :

La gestion des biens du mari et de la communauté appartient au tuteur ainsi que l'administration des biens personnels de la femme si elle n'en avait pas l'administration. Pour plaider et pour faire tous actes qu'elle n'aurait pu faire sans le consentement du mari, elle recourra à la permission de justice. La procédure de la demande en autorisation est la même qu'au cas d'absence du mari (art 864, Cod. Pr.), seulement à sa requête, la femme doit joindre le jugement d'interdiction.

Au mari interdit, je pense qu'il y a lieu d'assimiler le mari placé dans un établissement d'aliénés conformément à la loi du 30 juin 1838, en ce que la femme

1° Certaines personnes peuvent seules demander la nullité (art. 225 et 1125).

2° Elle est susceptible d'être couverte par ratification (art. 1338 et 1304).

Qui peut demander la nullité ?

La femme ; le mari ; les héritiers de la femme et du mari (art 225). Jamais les tiers qui ont contracté avec la femme non autorisée (art 1125).

1° La femme.

Si elle s'est présentée à son contractant comme file majeure ou comme veuve, elle peut néanmoins exercer son droit de nullité. Car la simple déclaration de capacité faite par un incapable, ne suffit pas pour effacer la nullité de ses actes (1) (art. 1307).

Cette solution serait-elle encore vraie dans le cas où la femme aurait employé des manœuvres frauduleuses? Ainsi, elle a produit un faux acte d'autorisation, un faux acte de décès de son mari. Ici nous rencontrons, non plus la simple déclaration de capacité dont parle l'art 1307, mais le délit dont parle l'art. 1382. Or, la femme est obligée, par son délit, à réparer le préjudice qu'elle a causé. La meilleure réparation serait le maintien de l'engagement. Aussi, dans cette hypothèse, serai-je bien porté à lui refuser l'action en nullité (2).

(1) M. Demol. t. IV., no 326. Cass. 29 avril 1862.

(2) M. Demol. t. IV, no 328. MM. Zach. Aubry et Rau, t. IV, page 148, texte et note 113.

A. BASQUIN.   14

Du reste le mari conserve son droit, à supposer bien entendu, qu'il soit resté étranger à la fraude commise par sa femme (1).

Les femmes étrangères et leurs maris ne peuvent se prévaloir des dispositions de la loi française sur l'autorisation maritale (art. 3 Code Nap.)

Appliquerons-nous la règle *Error communis facit jus* dans le cas où la femme mariée passe pour fille ou pour veuve, et que cette erreur règne dans le pays ? Par exemple, si l'on a envoyé à la femme l'acte de décès de son mari militaire, que l'on croyait mort dans un combat et qui est vivant ? J'inclinerais volontiers pour l'affirmative; car il faut que les tiers qui ont traité avec la femme sur la foi de l'erreur commune aient garantie et sécurité (2).

2° Le mari.

Comment expliquer son action en nullité ?

Son patrimoine n'a pas souffert des actes de la femme ; car aucune obligation souscrite par elle sans autorisation n'est exécutoire sur les biens personnels du mari.

La première raison donnée par les auteurs est que la puissance maritale a été méconnue.

La seconde que l'intérêt matrimonial a été lésé (3).

(1) M. Zach., t. IV, p. 148.

(2) M. Demol , t. IV n° 333 ; Caen, 5 janvier 1844. Loi Barbarius Philippus (L. 3 *de offic. Prœt.*

(3) M. Demol., t. IV, n° 341

Voici comment je comprends cette action en nullité pour lésion de l'intérêt matrimonial. Le mari, par exemple, n'a aucun bien, la femme est millionnaire. Elle est, si l'on veut, séparée de biens, et d'après le contrat de mariage supporte seul les charges du mariage. Par des contrats faits sans autorisation, elle compromet et ruine son patrimoine. Evidemment le mari a intérêt pour lui, pour les enfants, à l'annulation des actes de la femme. Aussi (art. 225), a-t-il le droit de la demander pendant le mariage.

Mais après le mariage ?

Presque tous les auteurs lui refusent cette faculté (1). Quand la femme est morte, dit-on, il n'y a plus de puissance maritale, ni d'intérêt matrimonial, la fortune personnelle du mari n'a pu être atteinte par des actes de la femme. Par conséquent le mari n'a aucun intérêt à demander la nullité. Or, pas d'intérêt, pas d'action.

Je reconnais que l'intérêt se présentera rarement ; Je ne crois cependant pas impossible de trouver des cas où il existe.

1° Continuant l'hypothèse de tout-à-l'heure, la femme est morte laissant des enfants du mariage.

Le père a maintenant seul l'obligation de les nourrir et élever. Mais il est de principe qu'il n'y est tenu sur ses propres biens qu'à défaut de fortune suffisante des enfants. Il a donc intérêt à ce que cette fortune n'ait pas été diminuée ou détruite par les actes que

______

(1) MM. Val, sur Proudh, p. 467, nota; M. Demol. t. IV, no 341, Acollas, t. 1, p. 253.

sa femme a faits sans autorisat'on : Donc il est rece-
vab'e à en demander la nullité. Ce droit, il l'aurait
aussi à un autre titre, comme tuteur de ses enfants ;
mais mieux vaut pour lui l'exercer en son propre
nom ; car d'abord il est possib'e qu'il ne soit pas tuteur ; ensuite, en supposant qu'il le soit, agissant en
son propre nom, il épargnera les lenteurs et les frais
qu'entraîne tout procès soutenu au nom d'un pupille.

2° La femme a, par contrat de mariage, donné à
son mari tous les biens qu'elle laisserait à son décès.
Elle est morte avant lui. Mais au cours du mariage,
elle a aliéné désavantageusement, à titre onéreux
et sans autorisation, tout ou partie de son patrimoine.
Ces aliénations causent donc au mari, après la dissolution, un préjudice. Par conséquent, il a intérêt à demander la nullité.

3° La femme commune, au cours du mariage, a
renoncé sans autorisation à une succession mobilière
qui lui était échue et qui devait tomber en communauté. Cette renonciation a lésé le mari : la succession
était avantageuse. Dans notre opinion, le mari n'est
pas fondé à accepter du chef de la femme. Il a donc
intérêt à en demander l'annulation (1).

3° Héritiers de la femme.

La succession comprend l'universalité des droits et
actions du défunt. L'action en nul'ité de la femme est
une action comme une autre ; ses héritiers la trouvent

(1) Marcadé, sur l'art. 225, n° 4.

dans son patrimoine. Donc elle leur appartient (art. 724, Cod. Nap.).

4° *Héritiers du mari.*

Pour justifier leur droit, on ne peut invoquer l'autorité maritale ni l'intérêt collectif du mariage auxquels les héritiers ne succèdent pas.

L'explication donnée par les auteurs est que les héritiers du mari pourront proposer la nullité, en tant qu'ils y auront un intérêt pécuniaire (1). Mais les cas où cet intérêt se présente sont difficiles, comme ceux où il se présente pour le mari. En effet, si les actes faits par la femme non autorisée ne nuisent pas au mari, à plus forte raison, ne nuisent-ils pas à ses héritiers. Je signalerai seulement les deux derniers cas dans lesquels j'ai cru voir un intérêt pécuniaire pour le mari à demander la nullité.

Créanciers de la femme.

Peuvent-ils exercer l'action en nullité du chef de leur débitrice, aux termes de l'art. 1166 ?

On a dit : c'est une action exclusivement attachée à la personne ; la femme peut tenir à honneur d'exécuter ses engagements : question de conscience dont seule elle doit être juge. (2) L'art. 225 confirme ce système; car il dispose en termes restrictifs que le mari, la

(1) M. Demol., t. IV, n° 341. — MM. Aubry et Rau, t. IV, p. 142, note 88

(2) Touillier, Grenoble 2 août 1827. Sirey, 1828, n. 186.

femme ou leurs héritiers peuvent seuls demander la nullité ! Je réponds que les droits attachés exclusivement à la personne sont l'exception et que l'on n'y peut comprendre le droit de demander la nullité de l'acte fait par la femme non autorisée. La preuve, c'est que les héritiers de la femme et du mari ont qualité pour provoquer l'annulation (art. 225.) Du reste, la loi permet bien aux créanciers d'opposer la prescription du chef de leur débiteur (art. 2225.) (1)

Evidemment le fondement de l'autorisation maritale était l'obéissance due au mari, les créanciers de la femme n'auraient pas l'action en nullité : mais elle n'appartiendrait pas non plus à la femme : La caution de la femme non autorisée ne peut proposer la nullité de l'obligation qu'elle a garantie (art. 2012 et 2036.)

Créanciers du mari.

Comme les créanciers de la femme et pour le même motif, ils ont l'action en nullité. Le droit d'annulation qui compète au mari peut reposer sur un intérêt rival, c'est vrai, et par cette raison on l'a refusé à ses créanciers, comme exclusivement attaché à la personne. Mais les héritiers du mari peuvent s'en prévaloir, et d'autre part, dans nombre de cas l'action en nullité a un intérêt pécuniaire ; il faut donc l'accorder aussi aux créanciers.

(1) M. Demol; t. IV, n. 342. MM. Zach. Aubry et Rau page 132, texte et note 89. Cass. 10 mai 1852.

Tiers qui ont traité avec la femme non autorisée.

Le principe est qu'ils ne peuvent opposer à la femme son incapacité (art. 1125).

Dirons-nous cependant qu'ils sont entièrement à sa merci ? Qu'ils sont exposés à une ratification alors qu'ils croient pouvoir compter sur une action en nullité, et à une action en nullité alors qu'ils croient pouvoir compter sur une ratification ?

Et d'abord si, de la part du co-contractant, l'obligation n'a pas encore été exécutée, par exemple, s'il s'agit d'un acheteur qui a acquis l'immeuble de la femme non autorisée, et auquel la femme réclame le paiement du prix, on admet qu'il est fondé à refuser le paiement jusqu'à ce que la femme ait ratifié le contrat sous l'autorisation du mari (art. 1653 *arg. d'anal.*). Si faute est déjà punie par l'engagement inégal qu'il a contracté. Pour le sort du contrat, il est à la merci de la femme et du mari ; mais il serait contraire à toute équité qu'il ne pût prendre ses sûretés pour ce qui n'est pas irrévocablement accompli (1).

N'est-il pas possible d'aller plus loin, et de lui accorder le droit de tenir ce langage à la femme et à tous ceux qui peuvent demander la nullité ? « Je suis à votre discrétion, l'art. 1125 ne me le dit que trop ; je n'ai pas qualité pour faire annuler le contrat et vous avez qualité pour le faire. Mais je vous somme d'op-

(1) M. Demol., t. IV, no 345.

ter pour la nullité ou pour la validité dans un délai que le tribunal fixera. »

Un auteur considérable (1) a essayé de rendre légale cette prétention du tiers qui a traité avec la femme. Ses arguments sont d'équité pure. Il distingue deux hypothèses : la première est celle ou l'action se trouve intentée après la dissolution du mariage contre la femme devenue libre ou contre ses représentants ; la seconde, celle où l'action est intentée pendant le mariage contre la femme et le mari mis en cause.

1ʳᵉ HYPOTHÈSE. — Et d'abord si la femme ou ses représentants avaient annoncé l'intention de demander la nullité du contrat, dans ce cas et surtout s'il y avait eu de leur part provocation, jactance, nos anciens auteurs dit M. Demolombe donnaient à leur adversaire le droit de les forcer à opter, sinon de se voir imposer un perpétuel silence (2), et rien ne prouve que le code ait entendu ne point suivre ces errements.

D'autre part, aux termes de l'article 1435, « les conventions obligent non-seulement à ce qui y est exprimé, mais encore à toutes les suites que l'équité, l'usage ou la loi donnent à l'obligation d'après sa nature. » Or, ne peut-on pas soutenir avec raison que l'obligation pour la femme ou ses représentants de se prononcer est une suite équitable de leur convention. On ne peut croire que la loi ait entendu conférer à la femme ou à ses représentants la faculté de tenir en

---

(1) M. Demol., t. IV, nᵒ 346.
(2) M. Demol. t. IV, nᵒ 346, page 441.

suspens, toujours et quand même pendant dix années, la volonté des tiers.

2ᵉ ʜʏᴘᴏᴛʜᴇ̀sᴇ. — La même doctrine est plus hardie puisqu'ici la femme est incapable de ratifier sans autorisation. Cependant elle doit prévaloir encore dans le système de M. Demolombe, car les motifs d'intérêt général et de justice s'y rencontrent avec une énergie égale.

La théorie de M. Demolombe est une œuvre d'équité ; mais juridiquement, elle me paraît insoutenable. Que demande le tiers qui a traité avec la femme ? une option, c'est-à-dire la nullité ou la validité de l'acte.

La nullité ? Mais il n'a pas droit de la provoquer (art. 225 et 1125).

La validité ? Mais elle existe.

L'indécision de la situation ne saurait changer que par une prescription de dix ans, une ratification expresse ou une exécution volontaire (art. 1338). L'inaction de la femme est son droit ; on ne peut l'en priver par un moyen indirect.

QUI DOIT PROUVER L'EXISTENCE DE L'AUTORISATION.

A celui-là incombe le fardeau de la preuve qui prétend qu'une dérogation au droit commun existe en sa faveur ; or, le droit commun, c'est l'incapacité de la

femme mariée; donc, quoique demanderesse (art.
1316) elle n'a rien à prouver pour faire tomber son
acte. Il suffit qu'elle établisse sa situation de femme
mariée. C'est à l'adversaire de la femme qui oppose
le défaut d'autorisation, de prouver qu'elle était autorisée (1).

Cette nullité est proposable par la femme en tout
état de cause. Cependant il faut encore distinguer ·
s'agit-il d'un acte juridique fait par la femme non au-
autorisée, la nullité proposable en première instance
et en appel, ne le serait pas pour la première fois devant la Cour de Cassation; car elle n'est pas d'ordre
public (2).

S'agit-il d'un jugement? La femme non autorisée
peut en demander la cassation pour cause de non
autorisation, car le jugement rendu contre une femme
non autorisée à ester en justice constitue par lui-
même une violation directe de l'art. 215.

CONFIRMATION OU RATIFICATION

(ART. 1338).

1° Expresse.

Qui peut ratifier ?

La femme autorisée du mari. La ratification faite
par la femme seule pendant le mariage ne produit au-

---

(1) MM. Zachariæ, Aubry et Rau, t. IV, page 142. texte et note 87. M.
Demolombe, t. IV, no 336. Paris, 2 janvier 1808, Sirey, t. 7, no 790.

(2) MM. Zachariæ, Aubry et Rau, t. IV, p. 143, texte et note, 94, Cass.
4 avril 1855.

cun effet. Celle faite par elle après le mariage n'est pas opposable aux représentants du mari.

Quant à ce dernier, nous avons décidé que la confirmation par lui donnée à l'acte de sa femme non autorisée ne la prive pas du droit de demander la nullité.

Lorsqu'elle émane des deux conjoints, elle détruit par rapport à leurs créanciers respectifs, la nullité résultant du défaut d'autorisation, pourvu que la ratification soit antérieure à la demande en annulation formée par ces derniers et qu'elle n'ait point eu lieu en fraude de leur droits.

2° *Tacite.*

Elle résulte du laps de temps.

Il faut distinguer entre les actes juridiques et les jugements. La nullité des actes juridiques faits par la femme sans autorisation se couvre par dix ans; le point de départ est la dissolution du mariage (art. 1304 2e alinéa).

En effet, jusque ce moment, la femme n'a pas le droit de ratifier sans l'autorisation du mari.

Pour le mari, c'est d'abord une question que de savoir si son action en nullité est prescriptible. Une opinion soutient la négative en se fondant sur ce que, elle est une conséquence de la puissance maritale, qui est d'ordre public. Je ne saurais y adhérer : car la prescription, c'est la ratification tacite; or, la ra-

tification tacite est mise par la loi sur le même rang
que la ratification expresse, qui n'est pas contestée au
mari. Le délai sera aussi de dix ans ; mais quel en est
le point de départ? suivant les uns (1), c'est le jour
de la dissolution du mariage ; suivant les autres, le
jour où le mari a connu l'acte (2). La première opinion
est peut-être plus conforme au texte, qui ne distingue pas entre l'action du mari et celle de la femme.
La seconde, plus conforme aux principes généraux.
Elle est forcément celle des auteurs qui enseignent
que l'action en nullité du mari est prescriptible, mais
cesse de lui appartenir après la dissolution du mariage.

Le délai est expiré, et la nullité n'a pas été demandée ;
le tiers qui a traité avec la femme non autorisée
poursuit l'exécution de l'obligation. Le mari ou la femme
défendeurs peuvent-ils encore invoquer la nullite en
vertu de l'ancienne règle : « *Quæ temporalia ad agen-
dum perpetua ad excipiendum.* »

C'est la question de savoir si cette règle a été abrogée par nos lois.

On la concevait parfaitement en droit romain ;
l'action de dol était annale ; la partie victime du dol et
qui n'avait pas exécuté ne pouvait, par voie d'action,
demander la nullité.

Dans notre législation, elle se justifierait plus diffici-

(1) MM. Zach., Aubry et, Rau. t. IV p. 147, note 1093, Val. sur Proudh.
3, p. 487, note b.

(2) M. Acollas. t. 1. page 254.

lement; le Code donne dix ans à l'incapable à partir du jour où il est en état d'invoquer la nullité; rien ne s'oppose à ce qu'il la provoque alors que l'exécution n'est pas poursuivie par l'adversaire.

Il y a donc lieu de penser que le Code a aboli la règle *quæ temporalia*. Je reconnais que la lettre du texte est contraire à ma solution; l'article 1304 ne parle que de l'*action en nullité* : « Dans tous les cas où *l'action* en nullité... cette action dure dix ans. » Je crois cependant qu'il est fort raisonnable de traduire ce mot par une périphrase « droit de faire prononcer la nullité. » En effet, les articles 1305 et suivants ne font que développer l'art. 1304. Or, il est question du droit qu'ont les mineurs, les interdits, les femmes mariées, de se faire *restituer* contre leurs engagements et cela tout aussi bien en défendant qu'en demandant (1305 à 1313).

Pour l'interdit, l'opinion que je défends est dangereuse, je le reconnais encore; car le délai de dix ans court contre lui du jour de la main levée du jugement et il peut n'avoir pas eu connaissance des actes qu'il a faits auparavant. Mais de ce que la loi est défectueuse, ce n'est pas une raison pour la tourner. Car si l'on voulait s'armer de cet argument pour dire que l'interdit peut perpétuellement opposer la nullité de ses actes par voie d'exception il faudrait dire aussi qu'il a le même droit par voie d'action.

J'ajoute que la loi a déjà été corrigée à l'égard des individus non interdits placés, en vertu de la loi du 30 juin 1838, dans un établissement d'aliénés. Le délai de dix ans ne court contre eux qu'à dater de la signification qui leur a été faite, ou de la connaissance qu'ils ont eue de l'acte après la sortie définitive (Art. 39 2o).

CHAPITRE IV.

RÉFORMES DONT EST SUSCEPTIBLE L'AUTORISATION MARITALE.

Un de mes excellents maîtres (1) constatait récemment, peut-être avec regret, certainement avec vérité, que « les beaux jours du Code Napoléon, les jours d'éloges sans mélange de critiques, sont passés. Vivement attaquée par plusieurs écrivains, notre loi civile est, pour le moins, suspecte de beaucoup d'injustices aux personnes très nombreuses qui n'ont pas le loisir de l'étudier. »

J'ai eu le bonheur de n'être pas du nombre de ces dernières ; depuis cinq ans, j'ai le loisir et le devoir d'étudier le Code Napoléon, et je demande qu'il me soit permis de ne pas trouver notre loi civile irréprochable : depuis plusieurs mois, j'ai porté spécialement mon attention vers l'autorisation maritale ; j'ai montré que le fondement et les applications de cette institution sont l'objet des plus vifs débats entre les jurisconsultes; et résumant d'un seul mot tout ce travail, je dirai que

(1) M. Duverger, *De la condition politique et civile des femmes, etc.*, Revue pratique, t. XXVI, page 369.

c'est là un des plus magnifiques thèmes à controverses qui puissent se présenter à la subtilité du légiste.

Or, l'autorisation maritale est d'une application constante; elle exige donc impérieusement une prompte réforme. Que doit être cette réforme? C'est par l'examen de cette question que je me propose de terminer.

L'on me trouvera bien téméraire d'aborder un si grave sujet, et j'avoue ma timidité et mon effroi devant ce redoutable problème. Mais je retrouve courage à la pensée que cette étude va me donner l'occasion de lire et de relire les excellents travaux de mes maîtres, et ma confiance renaît quand je songe que s'il est à la Faculté de droit de Paris une qualité qui fait excuser les plus grandes hardiesses, c'est l'indépendance d'esprit de ses étudiants.

Dans ces derniers temps, un certain nombre de réformes ont été proposées par des esprits éminents. Quelles sont-elles, et peuvent-elles satisfaire une bonne législation?

I.

Dans sa belle étude sur la condition privée de la femme, M. Gide reconnaît et proclame bien haut le principe de l'égalité des sexes dans la société civile ; mais quand il s'agit de faire passer ce principe dans le mariage, il recule ; en ce qui concerne l'autorisation maritale notamment, il la déclare au-dessus de toute controverse (1) ; il attaque seulement le règle-

(1) M. Gide, page 532.

ment de cette institution, et voici le programme que nous trace sa plume si finement taillée : L'autorisation maritale, dit-il, peut revêtir dans les législations positives deux formes bien différentes : « L'on peut en faire un secours au profit de la femme incapable ou un instrument entre les mains du mari ; et suivant qu'on l'aura destinée à l'un ou à l'autre de ces emplois, cette formalité devra recevoir une organisation différente. Destinée à protéger l'incapacité de la femme, l'autorisation du mari devra être spéciale ; le mari devra dicter à sa femme chacune des clauses du contrat; elle devra être constante; si par quelques accidents l'assistance du mari devenait impossible, l'assistance du juge devrait y suppléer; elle devra être requise à peine de nullité et cette nullité pourra être demandée par la femme elle-même; enfin elle devra être déclarée insuffisante toutes les fois que le contrat sera dans l'intérêt du mari lui-même. Mais vous arriverez sur tous ces points à des solutions diamétralement opposées , si vous posez en principe que la capacité naturelle est complète chez la femme comme chez l'homme, et que l'autorisation maritale n'est qu'une arme aux mains du chef de ménage. Dès lors plus d'autorisation spéciale ; plus d'autorisation supplétive de la justice; en cas d'absence ou d'incapacité du mari, la femme prendra elle-même la direction des affaires communes; plus d'action en nullité au profit de la femme, enfin plus d'incapacité pour la femme de contracter dans l'intérêt de son mari ou avec lui (1).

(1) M. Gide, page 532-533.

païennes ni nous manger entre nous (1), il est possible de supprimer l'autorisation maritale.

Et d'abord je remarque de cette argumentation qu'on impose, pour maintenir l'autorisation maritale, la communauté aux époux ; la liberté n'en remerciera pas M. Gide, ni la Normandie, ni les provinces méridionales de la France attachées au régime dotal. L'éminent professeur dont j'ai suivi avec ardeur les leçons si pleines de science et d'originalité, mais qui me permettra ici, et par exception, de ne pas partager son opinion que je combats, veut-il, comme le Code, laisser toute lattitude aux conventions matrimoniales? Mais alors pour être conséquent avec lui-même, il reconnaîtra à la femme toute capacité quand les époux adopteront un régime autre que la communauté ; mais aussi cette conséquence est-elle bien favorable à son régime favori?

Cela dit, je l'avoue, si l'on ne veut rien modifier à la communauté actuelle, si l'on tient absolument à mettre dans la main de l'un des époux la faculté de disposer sagement ou en gaspillateur des deniers communs, sans laisser à l'autre droit de plainte ni de remontrance, étant donné ces prémisses, le grand-maître de la communauté doit avoir un droit de surveillance et de contrôle sur les biens personnels du conjoint, et pou-

---

(1) Dans un certain nombre d'Etats de la République américaine, les femmes disposent de leurs biens avec la plus complète indépendance; cependant les habitants de ces pays ne sont pas anthropophages, et bien des Français, victimes de la politique, ont été heureux d'y demander une hospitalité qu'ils reçoivent toujours.

A. BASQUIN.16

voir s'opposer à leur aliénation. Mais, ce grand-
maître, quel sera-t il? Beaucoup de communautés ga-
gneraient à ce que ce fût la femme. et à cet égard peut-
être devrait-on laisser aux parties qui contractent sous
l'œil de leurs parents et ainis le soin de le décider. Mais
j'admets un instant avec mes adversaires que dans tous
les cas le plus apte à remplir les fonctions de chef de
la communauté, c'est le mari. Encore faudra-t-il à la
femme des garanties! Car à une autorité si considérable
un contrepoids est d'une nécessité absolue. Aussi êtes-
vous forcé de donner à la femme le droit de demander la
séparation de biens, si la dot est en péril (art. 1443); de
n'être tenue des dettes contractées par le mari au cours
de la communauté que *intra vires émolumenti* (art.
1483); de renoncer à la communauté (art. 1453);
aussi lui accordez-vous une hypothèque légale sur les
immeubles de son mari (art. 2121).

Mais ces institutions, conséquences de la dépendance
de la femme dans le mariage, sont-elles conformes à
l'idéal législatif, qui est la simplicité, à l'idéal économique, qui est le crédit, la multiplicité des négocia-
tions, et la prompte expédition des affaires?

Est-ce que les règles sur les principes et les conséquences de la séparation de biens, de la renonciation à
la communauté, de l'obligation *intra vires* aux dettes,
trouvent d'accord les jurisconsultes?

Est-ce que les magistrats ne sont pas chaque jour
juges impartiaux mais fort embarrassés des mille et
cent procès qui touchent à ces matières et qui se ter-

minent d'habitude par la ruine de la femme, des enfants
et des créanciers ?

Est-ce que l'hypothèque légale et surtout la subro-
gation à l'hypothèque de la femme n'est pas le désespoir
des plus vaillants travailleurs? Je fais appel aux écono-
mistes ! Ces prétendues garanties de la femme ne dé-
truisent-elles pas le crédit d'un mari solvable, riche
même, mais pressé tout à coup d'argent pour les besoins de son commerce ou de son industrie, quand on
songe qu'il ne peut emprunter par hypothèque sans obtenir de sa femme le consentement à une cession d'an-
tériorité ? N'entravent-elles pas les transactions, quand
on voit les conservateurs se refuser légitimement à la
radiation de l'inscription de la femme jusqu'à ce qu'elle
soit séparée de biens? Voici un fait dont j'ai été témoin : cet hiver, un mari vendait son usine au prix de
350,000 fr. La femme avait sur l'immeuble inscription
pour sûreté de sa dot, 50,000 fr. Les deux époux, parfaitement d'accord, allèrent demander au conservateur
la radiation de l'inscription. Le conservateur prétendit
ne pouvoir rayer. Sans la confiance qu'avait l'acheteur
en la personne des vendeurs, dont il était l'ami, la vente
échouait. — Et l'autorisation maritale? Je ne parle pas
des difficultés de droit qu'elle présente ; cette thèse le
dit assez. Mais satisfait-elle aux exigences d'une sage
économie politique?

La femme, dans son intérêt personnel, ou dans l'intérêt de la communauté, même dans celui du mari, veut
traiter avec un tiers, elle a besoin du consentement du

mari. S'il est non présent, elle demandera son adhésion par lettre ; s'il ne sait écrire, ou si une autorisation sous seing privé ne suffit pas, elle ira chez le notaire. Or, Dieu sait quelles lenteurs et quels frais coûtent les actes notariés ! Huit jours se passeront dans l'attente de l'autorisation ; quand elle arrivera, qui sait si le tiers ne dira pas : il est trop tard ; j'ai vendu ou acheté à un autre.

Et si le mari, au lieu d'être un simple non présent, est absent ou incapable, elle doit s'adresser au président d'abord, à la justice ensuite. Triples frais ! triple temps perdu !

Et si le mari est présent, mais refuse ! C'est un procès alors ! Décuples frais ! décuple temps perdu !

L'on voit même des maris spéculer sur leur droit d'autorisation. Il y a quelques années, dans un village du département du Nord, une femme, séparée en fait demandait à son mari l'autorisation d'aliéner un de ses immeubles. Le mari vendit son consentement moyennant une portion du prix. Il est vrai que deux ans plus tard, la femme lui rendait la pareille. Le mari, lui aussi, eut besoin d'aliéner un de ses biens, la femme intervint dans le contrat pour renoncer à son droit de suite, mais moyennant une somme égale à celle qu'elle avait dû, naguère, abandonner au mari.

Voilà les conséquences législatives, économiques et morales du régime actuel de la communauté combiné avec l'autorisation maritale. Et il ne faut pas s'en étonner ; ce sont les vices de toutes les lois contre nature ;

à des pupilles d'un nouveau genre, il faut des garanties d'un nouveau genre ; de là ce système compliqué et funeste. Il n'y a d'institution solide que celle qui repose sur la liberté.

IV.

Et ce doit être la base d'un régime matrimonial nouveau, dans lequel la liberté de chaque époux ne soit plus entravée par les droits bizarres de l'autre, où l'égalité soit posée en axiome et le régime de la communauté confirmé.

Je demande seulement la permission d'exposer deux ou trois idées. Et d'abord, si j'étais législateur, je confirmerais l'art. 1387 qui laisse aux époux le droit de faire par contrat de mariage telles conventions qu'ils jugent à propos. Mais à défaut de conventions matrimoniales, j'exigerais en principe la communauté, dont la composition légale me semble, du reste, susceptible de réforme, à cause du développement considérable qu'a pris dans les fortunes la propriété mobilière ; il ne faut pas que le mariage soit considéré par l'un des époux comme un placement pécuniaire ; aussi serais-je assez porté à exclure de la communauté tout le mobilier non meublant. Les acquêts, bien entendu, seraient communs (1).

Sur les effets de la communauté, je donnerais des pouvoirs égaux au mari et à la femme. Ils consisteraient

(1) Ce mot acquêts, M. Legouvé, page 153, le trouve *noble, harmonieux, touchant car il signifie association, travail, affranchissement.*

dans le droit pour chacun, d'obliger la communauté
dans les limites d'une sage administration, et dans un
droit indivis et égal sur les biens qui la composent. Ils
ne pourraient être aliénés soit par voie d'aliénation directe, soit par voie d'obligation, que du consentement
de tous deux ; et jusqu'à là dissolution, qui arriverait
par la séparation de corps ou le décès, un seul des conjoints né pourrait aliéner au profit d'un tiers ses droits
indivis.

Donc, pas de chef de communauté, et, par conséquent,
pas d'autorisation maritale. Les biens personnels reste-
raient à la disposition de l'époux propriétaire. Plus de
dépendance chez la femme, et par conséquent abrogation
du droit de demander la séparation de biens, de renoncer à la communauté et enfin de l'hypothèque légale.
De là, immense soulagement pour les jurisconsultes et
surtout pour les étudiants ; déblayement des greffes et
des tribunaux ; confiance et rapidité dans les affaires
entre les époux et les tiers

Mais la communauté est une association, et dans
toute association, il faut un chef !

Oui, quand elle est nombreuse et que chaque associé
ne veut pas s'occuper personnellement et activement
des affaires communes : Ainsi dans les sociétés anony-
mes, en commandite et même dans certaines sociétés
en nom collectif.

Non, quand le nombre des associés ne peut dépasser
deux, comme dans la communauté conjugale.

Est-ce que le code de commerce met un chef à la tête

de toutes les sociétés en nom collectif? Est-ce que ces sociétés, administrées par des intéressés à pouvoir égaux, déposent toutes leur bilan? Est-ce que les administrateurs se prennent chaque jour de querelle? Est-ce que leur maison commerciale est un enfer? Que l'on consulte la statistique et l'on verra qu'en général, ils ne se contentent pas d'une première association, mais que souvent ils la renouvellent deux fois, trois fois et plus! Et si la bonne harmonie est possible entre deux associés que dirige seulement l'intérêt pécuniaire que sera-ce entre associés que dirige surtout une tendresse réciproque et le désir mutuel de se faire des concessions?

Mais la femme usera de son droit d'obliger la communauté pour se livrer à des dépenses frivoles et exagérées! L'homme n'en fait-il pas autant et plus? Et du reste, aujourd'hui même, dans l'état d'incapacité où elle se trouve, est-ce que la femme qu'a tentée le démon du luxe et qui vient se procurer les sommes suffisantes pour satisfaire ses goûts, ne se rie pas des 2281 articles du Code Napoléon, et ne domine pas en fait son légal dominateur (1).

La femme séparée de biens a les ressources que n'a pas la femme commune. A-t-on jamais entendu dire qu'elle fît un abus si criant de sa capacité juridique. Enfin à tout mal il y a remède; au prodigue on donne un conseil judiciaire.

(1) Elle a pour elle sa grâce, elle a sa beauté; elle sait pleurer, elle sait sourire, et avec cela elle tient le sceptre dans la maison. » M Pelletan, *la mère*, page 9. « Les hommes règnent et ne gouvernent pas, » a dit autre part le même auteur.

VII.

Le système que je viens de proposer est déjà en partie réalisé dans les ménages où la femme est marchande publique. Pour les besoins du négoce, elle oblige valablement la communauté. Elle oblige même le mari : c'est ainsi que sur ce point spécial, la loi dépasse déjà mes témérités.

Il est vrai que le droit de la femme est restreint aux limites du négoce; hors de là, elle retombe sous l'autorisation. Mais enfin il faut convenir que cette dérogation à la puissance maritale n'est pas chose si minime. Cette femme, de sa nature, incapable, frivole, dangereuse, tient dans ses mains sa fortune, celle de la communauté, celle de son mari.

Il est enfin un dernier argument que je ne puis omettre, car il est tiré de la justice. Personne n'osera soutenir qu'en équité pure, il ne soit injuste de frapper d'incapacité l'un des sexes au profit de l'autre. Quelquefois, par des considérations d'une irrésistible gravité on sacrifie la justice à l'utilité. On ne saurait avancer qu'ici ce moyen extrême soit nécessaire. Si c'est dans l'intérêt de la femme que vous la soumettez à l'autorisation maritale, je trouve la réponse dans une judicieuse réflexion de M. Gide : « C'est avec cet argument que l'on a justifié tous les esclavages. » J'ai montré, au surplus, que l'avantage économique était tout entier de mon côté, et il en est de même de l'intérêt moral; j'encourage le mariage qui fonde les familles et les sociétés; vous en détournez la jeune fille serieuse qu'effrayera l'épouvantail de l'immense suprématie maritale, ou vous tenderez un piége à la jeune fille confiante qui va s'y trouver tout à coup assujettie.

Les idées que je viens d'exposer et auxquelles le cadre restreint de ce travail ne me permet pas de donner un plus long développement, sont contemporaines. Aussi n'ont-elle pas l'appui des législations de l'Europe, de celles surtout où existe encore le dûreté des lois germaniques et féodales. En Angleterre notamment, la personne civile de la femme est confondue dans celle du mari, et celui-ci est investi de tous les droits de l'épouse, même de ceux qui résulte t de violences, de diffamations, d'injures. Telle est, du moins, la common law, c'est-à-dire la vieille loi anglaise importée en Angleterre par Guillaume le conquérant, et qui, dans ce pays de la tradition, est encore aujourd'hui régnante. Du reste, elle ne régne plus que de nom; les cours d'équité comme autrefois le préteur romain, fondent une jurisprudence conforme aux aspirations modernes, et adoucit la common law; D'accord avec les statuts des rois, elles reconnaissent à la femme mariée le droit de posséder la propriété qui lui est donnée pour son usage privé, et d'en disposer selon sa volonté (1). Quoi-qu'il en soit, le défaut d'appui des lois étrangères n'est pas un argument opposable à des français; en 1789, la France a pris l'initiative de la révolution, et la révolution fait

____

(1) M. Colfarnie, du mariage et du contrat de mariage en Angleterre et aux Etats-Unis. p. 77.

le tour du monde. C'est notre gloire d'être à la tête
des grandes réformes réclamées par le droit et la justice; nous ne devons pas nous laisser devancer.

Et nous le sommes déjà. Aux Etats-Unis, le mouve-
ment d'émancipation civile de la femme s'accentue de
jour en jour. Là aussi régnait le principe de la confu-
sion de la personne de la femme dans celle du mari
(*identity*.), car la loi anglaise avait suivi les émigrés an-
glais sur les bords de l'Ohio et du Mississipi. Mais là
aussi la vieille loi est battue en brèche, et bientôt, j'en
suis sur, il n'en restera plus que le souvenir.

C'est ainsi que dans l'Etat du Mississipi, la femme
mariée peut devenir propriétaire à n'importe quel titre
gratuit ou onéreux, avec plein et absolu droit de disposition. (Loi de 1839 (1).

Il en est de même à New-York, où fut voté le
7 avril 1848, une loi, amendée le 11 avril 1849, et dont
voici les deux plus remarquables dispositions :

1° Désormais toute femme mariée aura la propriété
particulière et distincte de ses biens, comme si elle était
femme libre ; elle ne sera point assujettie au paiement
des dettes de son mari, ni soumise à sa volonté discré-
tionnaire.

2° Toute femme mariée peut hériter ou recevoir par
donation ou autrement de toute personne autre que son
mari, et elle possède sa propriété et peut en disposer

_____

(1) Kent, t. II, p. 115, note. J'ai emprunté cette citation à M. Colfarni
p. 87.

comme si elle n'était pas mariée (1).

La même capacité appartient à l'épouse dans le Maine en vertu d'un statut de 1852.

Depuis cette époque aussi, dans le New-Jersey, elle possède et acquiert comme si elle n'était pas mariée.

Dans les autres Etats, la réforme, qui s'opère graduellement, n'est pas encore radicale ; mais déjà la personnalité de la femme a été reconnue distincte de celle du mari ; si elle n'a pas encore le libre exercice de tous ses droits, l'heure sonnera bientôt où le but sera atteint.

Au point de vue des institutions politiques, la grande République américaine est le pays le plus libre du monde ; chaque jour elle travaille à élever au même niveau ses institutions civiles.

Je ne dirai pas comme l'auteur qui a fait, avant moi, ces citations, que c'est pour nous une leçon, une humiliation ; mais je dis bien haut que c'est un exemple.

(1) M. Colfarni, p. 140.

POSITIONS.

___

DROIT ROMAIN.

I.

La *manus* produit des effets, non seulement sur les biens, mais aussi sur la personne de la femme.

II.

La tutelle perpétuelle des femmes a été une conséquence de l'idée de conservation des biens dans les familles.

III.

En cas d'aliénation de l'immeuble dotal, le mari seul peut, au cours du mariage, revendiquer.

IV.

Si, par l'effet de la revendication, le mari est rentré en possession de l'immeuble dotal, et que la dot, par l'effet d'un événement ultérieur, cesse d'être restituable, le mari est tenu de livrer de nouveau l'immeuble à l'acheteur.

V.

La prohibition d'hypothèquer l'immeuble dotal même du consentement de la femme, a son origine dans le senatus-consulte Velleïen.

VI.

Le mari qui restitue la dot, au cours du mariage, est exposé à une seconde action en restitution.

DROIT COUTUMIER.

L'autorisation maritale a été le corrollaire de la communauté.

DROIT CIVIL FRANÇAIS.

I.

Le motif, sur lequel le Code Napoléon fait reposer l'autorisation maritale, est insaisissable.

II.

La femme, séparée de biens, peut aliéner à titre onéreux, tout son mobilier, sans autorisation.

III.

Elle ne peut souscrire d'obligations personnelles que dans les limites et pour les besoins de son administration.

IV.

Même à ce titre, elle n'a pas capacité pour hypothéquer ses immeubles.

V.

L'obligation qu'elle a contractée au delà des limites et des besoins de son administration n'est pas exécutoire sur son mobilier, ni sur ses revenus.

VI.

Elle peut acquérir, à titre onéreux et au comptant, des meubles et des immeubles.

VII.

L'autorisation d'aliéner un ou plusieurs immeubles est suffisamment spéciale par l'indication nette et précise des immeubles à aliéner. La détermination des conditions du contrat n'est pas nécessaire.

VIII.

Les contrats entre époux sont permis en principe ; et l'autorisation est valablement donnée par le mari.

IX.

L'autorisation tacite peut résulter de circonstances autres que le concours du mari dans l'acte.

X.

L'autorisation expresse peut être verbale.

XI.

Quand elle intervient après l'acte, elle ne détruit pas l'action en nullité de la femme.

XII.

Les tiers qui ont traité avec la femme non autorisée ne peuvent la mettre en demeure d'opter pour la nullité ou la validité.

Après la mort de la femme, le mari peut demander la nullité des actes faits par sa femme non autorisée, dans les cas ou il a intérêt.

XIII.

Il serait de bonne législation de supprimer l'autorisation maritale.

PROCÉDURE CIVILE.

I.

Les tribunaux peuvent accorder un délai au débiteur poursuivi même en vertu d'un titre exécutoire notarié.

II.

En matière civile, le ministère public n'a qualité pour agir, par voie d'action directe, que dans les cas où la loi lui a formellement attribué ce droit.

DROIT CRIMINEL.

I.

L'arrêt de la Cour d'assises qui, après acquittement d'un accusé, le condamne à des dommages-intérêts, est soumis à l'obligation d'établir, dans les termes les plus nets et les plus précis, qu'il n'existe aucune contradiction entre ce qui a été jugé au criminel, et ce qu'il juge au civil.

II.

La femme poursuivie directement par une partie civile ne peut plaider sans autorisation.

DROIT COMMERCIAL.

I.

L'autorisation de justice ne peut, dans aucun cas, suppléer celle du mari quand il s'agit pour la femme de faire le commerce.

II.

L'on doit présumer que les aliénations, emprunts notariés, constitution d'hypothèques faits par la femme marchande publique ont eu lieu dans l'intérêt de son négoce.

DROIT ADMINISTRATIF.

I.

Le locataire dont le bail n'a pas date certaine peut cependant, en cas d'expropriation, réclamer une indemnité.

II.

Le jugement d'expropriation même non transcrit, rend l'expropriant propriétaire *erga omnes*.

DROIT DES GENS.

I.

Un tribunal français, saisi d'une contestation entre deux étrangers non domiciliés en France, peut refuser de juger.

II.

L'ambassadeur ne peut donner asile dans son hôtel, au délinquant qui voudrait s'y réfugier.

Vu par le Président de la Thèse :
BUFNOIR,

Vu par le Doyen,
COLMET-D'AAGE

Vu ET PERMIS D'IMPRIMER :
Pour le Vice-Recteur,
L'inspecteur d'Académie,
GARSONNET.

Imprimerie L. CRÉPIN, rue de la Madeleine, 23, à Douai.

DOUAI, IMP. L. CRÉPIN.

www.ingramcontent.com/pod-product-compliance
Ingram Content Group UK Ltd.
Pitfield, Milton Keynes, MK11 3LW, UK
UKHW021855070726
13613UKWH00001B/173